광야를 건너 소망의 땅으로

― 김종석 지음 ―

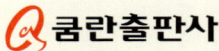
쿰란출판사

광야를 건너 소망의 땅으로

추천사

　이제는 많은 교회에서 새롭게 제시되는 출애굽 루트에 대하여 가르친다. 거기에는 Ron Wyatt라는 선구자가 있었기 때문에 가능한 일이었다.
　이 책의 저자는 출애굽 루트에 대하여 자세하게 설명했으며, 부록에 실린 자료를 통해 여러 가지 주장을 제시하였다.
　성경만으로 인류의 창조 연도를 계산해 봤다는 것은 참 의외다. 감히 그 어느 누구도 생각하지 못한 일을 했다는 것에 엉뚱하기도 하고 그의 성경 탐구에 대한 열정을 엿볼 수 있다. 그 덕분에 그는 에덴동산과 네 강의 위치도 정확하게 찾아내어 천지창조가 결코 신화가 아니라는 것을 증명하였다.
　그는 여세를 몰아 아브라함의 고향 갈대아 우르가 지금 이라크에 있는 우르 카스팀이 아니라 튀르키예에 있는 산르우르파라고 주장하고 있다. 그는 우르 카스팀이 잘못된 지명이라는 것을 여러 증거를 찾아 제시하였고, 그와 함께 산르우르파가 갈대아 우르가 맞다는 것을 성경 속 여러 증거로 제시하였다. 그의 글을 읽다 보면 일견 고개를 끄덕이게 된다.

그는 또한 많은 논란이 되고 있는 예수 그리스도의 탄생, 죽음 그리고 부활에 대한 역사적 사실에 대해 성경 속 여러 인물들과 로마시대의 통치자들과 대조하면서 탄생일자를 정확히 찾아 내었고, 죽음과 부활에 대한 정확한 날짜를 찾아내었다. 일견 쓸데없는 작업인 것 같으나, 다니엘서 등 구약에서 끊임없이 예언한 그 예언의 성취를 보게 되며, 이와 더불어 다시 오시겠다고 하신 그 약속에 대한 소망도 간직하게 된다.

독자들은 이러한 연구를 통하여 성경 지식이 하나둘씩 쌓이게 되는 것을 느낄 것이며, 나아가서 하나님께 좀 더 사실적으로 다가가게 될 것이므로 아무쪼록 많은 성도들이 이 책을 통하여 은혜를 받았으면 한다.

대한예수교장로회(통합) 제107회 총회장
C채널방송 사장 이순창 목사

추천사

어느 때부터인가 이스라엘의 출애굽 루트가 시나이 반도를 도는 것이 아니라, 사우디아라비아의 넓은 광야까지라는 것이 성도들을 통하여 소문처럼 퍼져갔다.

이 새로운 루트를 처음으로 주장한 사람은 Ron Wyatt라는 미국인이었다. 그는 1977년부터 1999년 사망할 때까지 성경 속 중동의 여러 지역을 탐사하여 많은 고고학적 사실들을 규명한 사람이었다. 그의 탐사를 통하여 성경 속 신화와 같았던 사건들이 사실로 들어오게 되었다. 특히 출애굽 루트의 발견은 가히 혁명적이라 할 것이다.

그의 탐사에 영향을 받은 많은 사람들이 Ron Wyatt의 탐사 길을 찾아보게 되었으며, 우리나라에서는 김성복 장로님이 7년간이나 사우디아라비아에 머물면서 이 광야 길을 탐색하였다.

성경 속 출애굽 루트를 따라 여러 날 시간과 물질을 투자하여 그 길을 확인하고 좌표를 찍는 것도 중요하지만, 그것을 성경과 대조하면서 막힘없이 풀어 내는 것도 중요하다. 여기에서 저자의 성경 지식이 빛을 발하게 된다.

　아무리 시간과 물질을 투자하여 이 루트를 찾았다 하더라도 성경적 식견이 없으면 그 길이 자연스럽게 연결되지 못한다. 따라서 그의 모세오경에 대한 식견도 대단한 것을 알 수 있다.

　모쪼록 독자들도 이 책을 통하여 한 단계 믿음이 성장되기를 바란다.

글로벌선진학교 교장
강성봉 목사

이 글을 읽기에 앞서

교회에 다니는 사람들은 이스라엘의 출애굽 사건에 대해 귀가 따갑도록 들었을 것이다. 이스라엘 민족의 출애굽에 대한 이야기를 들으면서, 그들이 그토록 많은 기적을 체험했으면서도 왜 그렇게 불순종하고 배반을 일삼았는지에 대해 납득하지 못했다. 그래서 많은 목회자들이 그들의 불순종과 배반에 대해 타산지석(他山之石)으로 삼아야 한다는 설교를 하곤 한다. 그런데 만약 우리가 그들과 함께 광야를 걸어갔었다면 온전히 하나님만 의뢰하고 나아갈 수 있었을까?

우리는 이 이야기의 결말을 잘 알고 있다. 그러나 이스라엘 민족은 자신들의 여정에 대한 결말을 확신할 수 없었다. 그렇기 때문에 우리 역시 그 당시로 돌아가 그들과 함께 그 길을 걸어갔다고 해도, 여호수아와 갈렙처럼 하나님만 따랐을 거라고 장담할 수 없다. 우리는 광야의 사막 길을 실제로 걸어 보지 않았기 때문에 그들의 불순종에 대해 이러쿵저러쿵 말할 입장이 못 된다.

 내가 이 글을 쓰게 된 것은 김승학 장로님의 기행문인 《뜰기나무》를 읽었기 때문이다. 책의 내용은 정말 놀라웠다. 저자는 구글 어스(Google Earth)를 사용하여 그 지명을 하나하나 짚어 가며 이야기를 전개했고, 그러한 탐사 가운데 사우디아라비아 정부로부터 당했던 고난과 하나님이 함께하셔서 무사히 여행을 마칠 수 있었던 것에 대해 상세하게 기록했다. 나도 구글 어스를 사용하여 저자가 걸었던 길을 차례로 탐사하면서 놀라움을 금치 못했다. 이스라엘의 출애굽 여정은 그분 외에도 많은 사람들이 이미 탐사하였던 것이다. 그들은 찍었던 사진들을 자신들이 걸어갔던 여정 길에 올려놓아 눈으로 확인할 수 있도록 하였다. 나는 그 지명과 성경의 내용을 꼼꼼히 대조해 보았다. 놀랍게도 3,500여 년이란 세월이 지났지만 출애굽 당시의 지형과 기후가 지금과 별반 다르지 않았으며, 그렇기 때문에 성경에 기록된 내용의 대부분을 증명할 수 있었다.

 그런데 책을 여러 번 읽을수록 저자가 확신하는 내용들 중에 시내 산 이후의 사건들이 성경의 내용과 좀 다른 부분이 있다는 것

이 글을 읽기에 앞서

을 발견했고, 이를 성경에 근거해서 바로잡을 필요가 있다는 것을 느꼈다. 또한 저자의 기록보다 좀 더 많은 자료들을 수집하여 저자의 기록에 대해 신뢰성을 더해 줄 필요도 있었다.

이 글은 16년 동안 사우디아라비아에 살면서 수많은 시간을 투자하여 출애굽 루트를 탐험했던 김승학 장로님의 노고를 반박하기 위해 쓴 글은 아니다. 그분의 노고가 없었으면 이러한 비밀이 세상에 알려지지 않았을 것이다. 다만 좀 더 성경을 세심하게 읽고 모든 것을 성경으로 고증했으면 하는 부분이 아쉬웠을 뿐이다. 나는 성경은 하나님이 기록하신 것이기 때문에 그 어떤 역사적 기록물보다 객관적이고 표준이 되는 문서라고 확신한다. 그래서 영적인 것뿐 아니라 사실적인 것에 대해서도 성경을 표준으로 삼는다.

이 글을 준비하면서 다시 한번 모세오경을 꼼꼼히 읽었고, 덕분에 다음과 같은 네 가지 사실들을 깨닫게 되었다.

첫째, 율법에 대한 하나님의 생각이 우리가 익히 아는 것과 다르다는 것을 알았다. 사람들은 율법이 하나님의 경륜 가운데 구약의 이스라엘에게 주신 것이며, 그 율법을 주시기 위해 그들을 시내 산으로 불렀다고 말한다. 시내 산에서 율법을 주신 것은 사실이지만,

그것을 주시는 것이 하나님의 최종 목적은 아니었다.

하나님은 시내 산에서 이스라엘의 하나님으로 섬김을 받기 위해 그들을 부르신 것이다. 그런데 그들은 계속 불평했고, 급기야 시내 산에서 율법을 주시겠다고 했을 때 한목소리로 "여호와의 명하신 대로 우리가 다 행하리이다"(출 19:8, 24:3, 7)라고 대답하였다. 그들은 하나님에게 세 번씩이나 똑같은 대답을 하였고, 마지막에는 두루마리에 기록하고 피로써 맹세한다. 이로 인해 하나님은 이스라엘을 진멸하려 하셨고, 모세는 죽기를 각오하고 하나님에게 나아가 물도 마시지 않고 40일간 금식으로 기도를 했다(신 9:7~9). 하나님은 그때나 지금이나 여전히 은혜 주기를 원하시는 분인데, 다만 우리의 불순종으로 인해 멸망의 길로 갔던 것이다. 자세한 내용은 "시내 산과 시내 광야"에서 설명하였다.

둘째, 출애굽 때 20세 이상 된 사람들 중에 가나안 땅을 밟은 사람은 여호수아와 갈렙만이 아니라는 것이다. 하나님은 '시나 광야에서 20세 이상으로 계수함을 받은 자' 중에 '여호수아와 갈렙'만 살아서 가나안 땅으로 들어간다고 말씀하셨다(민 14:29~30, 26:63~65). 이 말씀은 백성 중에 계수함을 받지 않은 사람들은 제외되었다는 뜻도 내포되어 있다. 다음 말씀에는 좀 더 구체적으로 설명되어 있다.

"가데스 바네아에서 떠나 세렛 시내를 건너기까지 삼십팔 년 동안이라 이때에는 그 시대의 모든 군인들이 여호와께서 그들에게 맹세하신 대로 진 중에서 다 멸절되었나니 여호와께서 손으로 그들을 치사 진 중에서 멸하신 고로 필경은 다 멸절되었느니라 모든 군인이 사망하여 백성 중에서 진멸된 후에"(신 2:14~16).

즉, 저주를 받아 광야에서 죽을 수밖에 없었던 사람들은 레위 지파를 제외한, 군인으로 계수된 20세 이상의 남자들이었다. 그래서 여인들과 계수함을 받지 않은 레위 지파는 하나님의 저주에서 제외되었다(민 1:47~49). 물론 1개월 이상 된 레위 지파는 시내 광야에서 계수함을 받았지만, 그들은 군인으로 계수함을 받은 것이 아니었다(민 3:11~39). 또한 레위 지파는 가나안을 염탐하러 보낸 열두 지파에서 빠져 있었다(민 13:1~16). 따라서 여인들과 레위 지파는 저주에서 제외되었다.

레위 지파가 광야에서 멸망받지 않았던 것은 아론의 사후에 제사장 직분을 행한 엘르아살의 경우를 봐도 알 수 있다. 출애굽 당시 그의 나이가 성경에는 기록되지 않았으나, 아버지 아론의 나이가 83세였고 이미 비느하스라는 자녀를 둔 것(출 6:25)을 보면, 20세가 훨씬 넘었었다. 또한, 레위 지파는 30세에서 50세까지 회막 봉사를 하도록 했는데(레 4장), 그는 그의 형 나답, 아비후 그리고 동생 이다말과 함께 시내 산에서 제사장 직분을 행하였다(출 28:1). 따라서 그는 출애굽 때 이미 30세가 넘었을 것이다. 그의 형 나답과 아비후는 자녀 없이 광야에서 다른 불을 드리다가 죽었고, 그는 동생 이다말과 함께 가나안으로 들어갔다. 물론 엘르아살과 이다말은 레위 지파이기 전에 제사장으로서 열두 지파나 레위 지파에도 모두 속하지 않았으므로 논외라고 주장할 수 있겠지만, 하나님의 것으로 선언된 민수기 말씀에 비추어 볼 때(민 3:12~13), 레위 지파는 광야의 멸망에서 벗어난 것으로 보인다.

　셋째, 이스라엘 민족이 시내 산에서 약 11개월 동안 머무른 것은 단지 율법을 받고 성막을 만들기 위함만이 아니었다는 것이다. 시내 산에서의 여정을 기록한 민수기 1~10장의 내용을 보면 그들이 가나안 정복을 위한 전술 기동 훈련을 실시했던 것을 알 수 있다. 그래서 민수기 2장에서는 그들을 4개의 전술 단위 부대로 편제한 군대라고 기록하였다. 그들은 부대기를 따라 진을 치고 진행하는 기동 훈련을 했으며(민 2:34), 은나팔 2개를 준비하여 나팔 소리에 맞추어 전술 훈련을 했다(민 10:2~8). 그리고 그 모든 것을 마쳤을 때 비로소 가나안 땅 가데스 바네아로 출발했다. 하나님은 아무런 대책 없이 그들을 가나안으로 몰고 가신 것이 아니었다.

실제로 모세는 장인인 이드로에게 광야의 여정을 동행하자고 간곡하게 부탁하는데, 그것은 이드로가 광야에서 어떻게 진을 쳐야 하는지 잘 알고 있었기 때문이었다(민 10:31~32). 훗날 가나안 정복을 마친 후 그들이 유다 지파의 분깃 가운데 거처한 것을 볼 때(삿 1:16), 이드로는 이스라엘 민족과 함께하면서 전술 훈련에 많은 도움을 주었던 것으로 보인다.

넷째, 시내 광야와 모압 평지에서 계수된 군인들의 숫자는 이스라엘 민족뿐 아니라, 함께 탈출한 잡족들도 포함된 숫자였다(출 12:37~38). 유다 지파에 속한 군인의 숫자가 74,600명으로 비정상적으로 많은 것 때문이다(민 2:4~32). 왜냐하면 유다는 며느리와 동침하여 베레스와 세라를 낳았고 그래서 두 쌍둥이는 그의 형제들의 손자들과 같은 또래였다. 다른 형제들에 비하여 한 세대나 출발이 늦었음에도 그들은 가장 많은 군인을 보유했다.

구체적으로 따져보자. 야곱이 그의 자손들과 함께 기근을 피해 애굽으로 내려갈 때, 요셉의 나이는 39세였고 유다의 나이는 42세쯤 되었다. 그런데 유다는 애굽으로 가기 전 며느리와 동침하여 쌍둥이 베레스와 세라를 낳았다. 그러므로 애굽으로 떠날 때, 쌍둥이의 나이는 두어 살도 안 되었을 것이다. 그러므로 유다 지파는 다른 지파들보다 한 세대가 뒤져 있었다.

요셉도 유다와 비슷한 시기에 자녀를 낳았다. 요셉의 아들인 므낫세와 에브라임은 7년 풍년의 기간 중 태어났으므로(창 41:50), 그들의 나이는 유다의 쌍둥이보다 한두 살 정도 많았을 것이다. 그런데 출애굽 때까지 유다의 후손은 베레스 → 헤스론 → 람 → 아미나답 → 나손으로 5세대만 흐른 반면(대상 2:4~10; 민 1:7), 요셉의 후손은 에브라임 → 브리아(막내아들) → 레셉 → 델라 → 다한 → 라단 → 암미훗 → 엘리사마로 8세대가 흘렀다(대상 7:23~27; 민 1:10). 따라서 애굽을 떠날 때 당연히 더 많은 세대가 흐른 에브라임과 므낫세의 병력이 많아야 함에도 불구하고, 에브라임 지파의 군인들은 40,500명, 므낫세 지파의 군인들은 32,200명이었다. 유다 지파의 군인들이 두 지파를 합한 숫자보다 많았다. 실제로 레위 지파는 고핫 → 아므람 → 모세로 이어지는 3세대만 흘렀기 때문에 30세 이상의 남자들이 8,580명밖에 없었다(민 3:14~39). 유다 지파의 병력이 이처럼 많았던 것은 한 가지 이유밖에 없다. 그들의 부대에 이민족이 섞였기 때문이었다.

실제로 유다 지파 군인에 속한 갈렙은 이스라엘 백성이 아니라, 에서의 후손인 그나스 족속이었다. 또한 다윗 때 왕에게 충성한 많은 용사들 중에 이방인이 많았는데, 이들 대부분은 함께 출애굽하여 유다 지파와 함께 땅을 개척한 이방인이었다.

다섯째, 가나안 땅에 대한 영적인 해석 부분이다. 모세는 가데스에서 12명의 정탐꾼을 가나안으로 보내 그 땅을 정탐하도록 하였고 그들은 돌아와 그곳이 젖과 꿀이 흐르는 땅이라고 이야기하는데, 이를 근거로 사람들은 젖과 꿀이 흐르는 가나안 땅을 천국에 비유한다. 그래서 요단 강 건너 천국에서 만나자는 찬송가도 있다. 그런데 모세는 가나안 땅에 대해 참으로 기막힌 말을 한다(신

11:10~17). 그 땅은 하늘에서 내리는 비를 흡수하는 땅이며, 세초부터 세말까지 하나님의 눈이 항상 거기에 있어 하나님의 말씀에 청종할 때만 젖과 꿀이 흐르는 땅이므로, 오히려 과거 그들이 거했던 애굽 땅이 더 기름진 땅이었다고 말한다. 따라서 요단 강과 가나안에 대한 영적인 해석도 전통적인 해석과 달리할 필요가 있다.

그들은 개인적으로 유월절을 통과하여 재앙으로부터 구원을 받고, 홍해를 건너면서 침례를 받았다. 그런데 사람들은 지나치게 해석하여 광야를 험난한 이 세상에 비유하고, 요단 강을 건너는 것을 천국에 비유하고 있다. 그러나 광야는 구원을 받았음에드 불구하고 제멋대로 살아 하나님 앞에 무너져 내리는 육신적인 모습을 의미한다. 그렇게 철저하게 부서진 우리는 비로소 요단 강을 건너면서 자아를 내려놓게 된다. 홍해를 건너 계수함을 받았던 사람 중 요단을 건넜던 사람은 오직 여호수아와 갈렙뿐이었다. 이처럼 구원받은 그리스도인들도 세상살이 가운데 하나님과 마음을 합하여 동행하는 것은 결코 쉬운 일이 아니다. 출애굽 사건을 깊이 묵상해 보면, 자아를 내려놓고 하나님 앞에 자신을 온전히 맡기는 것이 얼마나 어려운 일인지 깨달을 것이다.

모세는 출애굽 여정을 마치기 직전 약 2개월간 모압 평지에 머물며 출애굽 2세대를 향하여 다시 한번 긴 설교를 한다. 그때 그는 여호와 하나님의 위대하심에 대해 이같이 이야기한다.

"네가 있기 전 하나님이 사람을 세상에 창조하신 날부터 지금까지 지나간 날을 상고하여 보라 하늘 이 끝에서 저 끝까지 이런 큰 일이 있었느냐 이런 일을 들은 적이 있었느냐 어떤 국민이 불 가운데서 말씀하시는 하나님의 음성을 너처럼 듣고 생존하였었느냐 어떤 신이 와서 시험과 이적과 기사와 전쟁과 강한 손과 편 팔과 크게 두려운 일로 한 민족을 다른 민족에게서 인도하여 낸 일이 있느냐 이는 다 너희 하나님 여호와께서 애굽에서 너희를 위하여 너희의 목전에서 행하신 일이라 이것을 네게 나타내심은 여호와는 하나님이시요 그 외에는 다른 신이 없음을 네게 알게 하려 하심이니라 여호와께서 너를 교훈하시려고 하늘에서부터 그 음성을 너로 듣게 하시며 땅에서는 그 큰 불을 네게 보이시고 너로 불 가운데서 나오는 그 말씀을 듣게 하셨느니라 여호와께서 네 열조를 사랑하신 고로 그 후손 너를 택하시고 큰 권능으로 친히 인도하여 애굽에서 나오게 하시며 너보다 강대한 열국을 네 앞에서 쫓아내고 너를 그들의 땅으로 인도하여 들여서 그것을 네게 기업으로 주려 하심이 오늘날과 같으니라 그런즉 너는 오늘날 상천 하지에 오직 여호와는 하나님이시요 다른 신이 없는 줄을 알아 명심하고 오늘 내가 네게 명하는 여호와의 규례와 명령을 지키라 너와 네 후손이 복을 받아 네 하나님 여호와께서 네게 주시는 땅에서 한 없이 오래 살리라"(신 4:32~40).

모세가 이야기했듯이 그것은 그 이전에도 없었던 사건이지만, 현재까지도 세계 역사상 그러한 일이 있었다는 사실을 들어 보지 못했다. 그래서 이러한 사실을 아는 사람들은 도저히 있을 수 없는 일이라 하여, 신학자들조차도 신화로 취급해 버린다. 그러한 일이 있었으면, 이는 전 우주적 사건이라고 그들은 주저 없이 말한다. 그만큼 출애굽 사건은 기적에 가까운 사건이었다.

그러나 우리는 하나님이 하신 일 중에 이보다 더 크고 위대한 일을 알고 있다. 그것은 이 우주만물을 창조하시고 주관하신 전지전능한 하나님이, 친히 육신의 몸을 입고 이 땅에 오셔서 보잘것없는 우리 인간을 죄에서 구속하시기 위해 죽으셨다는 사실이다. 죽으셨을 뿐만 아니라, 부활하셔서 하나님 우편에 앉으사 그 약속의 보증이 되셨다. 세상이 창조된 이래로 이같이 위대한 일은 그 이전에도 없었고, 지금까지도 없으며, 앞으로도 없을 것이다.

예수님의 죽음과 부활을 그 당시 사람들은 다 알았다. 마치 이스라엘의 출애굽에 대해 당시 주변국들이 다 알았던 것처럼. 다만 그들은 예수 그리스도께서 하나님이심을 인정하지 않았을 뿐이었다. 그래서 사도 바울은 베스도 총독과 아그립바 왕에게 다음과 같이 담대히 말할 수 있었다.

"왕께서는 이 일을 아시기로 내가 왕께 담대히 말하노니 이 일에 하나라도 아시지 못함이 없는 줄 믿나이다 이 일은 한편 구석에서 행한 것이 아니로소이다"(행 26:26).

닐 암스트롱은 달에 착륙하여 지구를 보면서 하염없이 울었다고 한다. 지구에 있었을 때는 여기가 정말 위대하다고 생각했는데, 달에서 본 지구는 작은 존재였으며, 더더구나 그 작은 곳에 사는 자신은 더더욱 보잘것없는 존재라는 사실을 알았기에, 그러한 자신을 구원해주신 하나님의 은혜에 크게 감사했다고 한다. 그는 지구로 돌아와 달에 다녀온 위대한 사람으로 세계 여러 나라를 다니며 영웅 대접을 받았다. 그러나 그는 그때마다 사람들에게 이런 이야기를 했다.

"내가 달에 갔다 온 것이 더 위대하겠습니까, 창조주께서 하찮은 인간을 위해 육신을 입고 이 지구에 오신 것이 더 위대한 일이겠습니까?"

세상 사람들은 앞으로 또 한 번의 놀라운 일을 보게 될 것이다. 살았든지 죽었든지 모든 구원받은 그리스도인들이 하늘로 올라가는 초자연적인 사건이 발생할 것이며, 예수님은 휴거한 성도들과 함께 하늘로부터 재림하실 것이다. 모세는 신명기 4장에서 이스라엘의 출애굽이 위대한 일이라고 했지만 그리스도인의 휴거는 출애굽 사건과 비교할 수 없을 만큼 엄청난 사건이 될 것이다. 사도 바울은 이 일에 대하여 담대히 말하고 있다.

"주께서 호령과 천사장의 소리와 하나님의 나팔 소리로 친히 하늘로 좇아 강림하시리니 그리스도 안에서 죽은 자들이 먼저 일어나고 그 후에 우리 살아남은 자들도 그들과 함께 구름 속으로 끌어올려 공중에서 주를 영접하게 하시리니 그리하여 우리가 항상 주와 함께 있으리라"(살전 4:16~17).

이때 구원받지 못한 사람들은 땅을 치며 후회하며 애곡할 것이다. 그 옛날 노아 홍수 때 절규했던 사람들처럼.

이 글을 쓰면서 살아 계신 하나님을 직접 체험할 수 있었고, 하나님의 위대하심에 전율했다. 하나님과 모세의 대화 하나하나를 꼼꼼히 살피면서 이스라엘을 향한 하나님과 모세의 심정을 세심하게 느낄 수도 있었다. 이 글이 마무리되었을 때 나는 모세의 하나님이 나의 하나님이심을 깨달았으며, 마음속 깊은 곳에서 하나님의 보석이 되고 싶은 욕망이 생겼다. 이 글을 읽는 모든 사람들이 개인적으로 살아 계신 하나님을 경험하고, 창조주 하나님에게 더욱 다가가고, 그래서 모두 길갈에 이르러 마음 가운데 할례를 받을 수 있는 계기가 되었으면 좋겠다(렘 4:4; 롬 2:29).

더불어 이 글의 부록으로 기록한 예수 그리스도의 탄생, 사망,

그리고 부활에 대한 글과 에덴의 동쪽에 하나님이 창조하신 동산에 대한 글, 아브라함의 고향 갈대아 우르에 대한 글은 이스라엘 민족의 출애굽과 상관은 없지만, 성경의 모든 내용이 신화나 전설이 아니라는 것을 증명하기 위해 기록한 것이므로 읽는 사람들에게 함께 유익이 되었으면 좋겠다.

2025년 6월

김종식

김종식
1962.12.18~2025.7.15

신학을 전공하지 않았지만 하나님의 사랑을 깨닫고 말씀과 동행하였다. 하나님께서 성경 말씀을 깨닫게 하실 때마다 글을 썼다. 성경 말씀을 더 깊이 알기를 원하는 사람들에게 이 책이 길잡이가 되길 바란다.

목차

추천사 이순창 목사(대한예수교장로회(통합) 제107회 총회장
　　　　 C채널방송 사장) … 4
　　　　 강성봉 목사(글로벌선진학교 교장) … 6
이 글을 읽기에 앞서 … 8

모세를 부르신 하나님_ 27
모세가 거했던 미디안 땅_ 33
이스라엘의 유월절(逾越節, Passover)_ 38
홍해를 건너기 전까지의 여정_ 47
홍해 횡단(Red Sea Crossing)_ 54
수르 광야에서 시내 광야까지_ 63
시내 광야와 시내 산_ 74
시내 광야에서 가데스 바네아까지_ 89
가데스 바네아에서의 원망_ 104
잃어버린 삼십팔 년_ 112

가데스 바네아에서 모압 평지까지_ 121
약속의 땅, 가나안_ 131
다시 유월절을 생각하며_ 140
다시 홍해 앞에 서서_ 156
출애굽과 여호와의 절기와의 관계_ 170

» 부 록
이스라엘 민족의 출애굽 일정_ 178
성경에 근거한 인류의 기원과 종말에 대한 연대 측정_ 180
에덴동산과 잃어버린 두 강 – 비손(Pison)과 기혼(Gihon)_ 204
에덴동산에 흘렀던 네 강을 통해 바라본 하나님과 인간의 관계_ 221
아브라함의 고향 갈대아 우르_ 236
예수 그리스도의 탄생과 사망, 그리고 부활_ 260

모세를 부르신 하나님

"여호와께서 그가 보려고 돌이켜 오는 것을 보신지라 하나님이 떨기나무 가운데서 그를 불러 가라사대 모세야 모세야 하시매 그가 가로되 내가 여기 있나이다 하나님이 가라사대 이리로 가까이하지 말라 너의 선 곳은 거룩한 땅이니 네 발에서 신을 벗으라 또 이르시되 나는 네 조상의 하나님이니 아브라함의 하나님, 이삭의 하나님, 야곱의 하나님이니라 모세가 하나님 뵈옵기를 두려워하여 얼굴을 가리우매 여호와께서 가라사대 내가 애굽에 있는 내 백성의 고통

을 정녕히 보고 그들이 그 간역자로 인하여 부르짖음을 듣고 그 우고를 알고 내가 내려와서 그들을 애굽인의 손에서 건져내고 그들을 그 땅에서 인도하여 아름답고 광대한 땅, 젖과 꿀이 흐르는 땅곧 가나안 족속, 헷 족속, 아모리 족속, 브리스 족속, 히위 족속, 여부스 족속의 지방에 이르려 하노라 이제 이스라엘 자손의 부르짖음이 내게 달하고 애굽 사람이 그들을 괴롭게 하는 학대도 내가 보았으니 이제 내가 너를 바로에게 보내어 너로 내 백성 이스라엘 자손을 애굽에서 인도하여 내게 하리라 모세가 하나님께 고하되 내가 누구관대 바로에게 가며 이스라엘 자손을 애굽에서 인도하여 내리이까 하나님이 가라사대 내가 정녕 너와 함께 있으리라 네가 백성을 애굽에서 인도하여 낸 후에 너희가 이 산에서 하나님을 섬기리니 이것이 내가 너를 보낸 증거니라 모세가 하나님께 고하되 내가 이스라엘 자손에게 가서 이르기를 너희 조상의 하나님이 나를 너희에게 보내셨다 하면 그들이 내게 묻기를 그의 이름이 무엇이냐 하리니 내가 무엇이라고 그들에게 말하리이까 하나님이 모세에게 이르시되 나는 스스로 있는 자니라 또 이르시되 너는 이스라엘 자손에게 이같이 이르기를 스스로 있는 자가 나를 너희에게 보내셨다 하라 하나님이 또 모세에게 이르시되 너는 이스라엘 자손에게 이같이 이르기를 나를 너희에게 보내신 이는 너희 조상의 하나님 곧 아브라함의 하나님, 이삭의 하나님, 야곱의 하나님 여호와라 하라 이는 나의 영원한 이름이요 대대로 기억할 나의 표호니라"(출 3:4~15).

이미 40년 전에 애굽에서 미디안으로 도망간 애굽에서도, 이스라엘에서도 잊혀진 존재로 살고 있는 애굽의 왕자 모세는 그렇게 하나님의 부르심을 받는다. 그 부르심은 정말 내키지 않는 부르심이었다. 오죽했으면 가족과 함께 애굽으로 가는 도중의 숙소에서 할례 사건 이후로 미디안으로 되돌아갔겠는가!(출 4:27) 그럼에도 불구하고 하나님은 계획한 일들을 차근차근 진행하신다. 그리고 모세는 열 가지 재앙을 통해 하나님의 사람으로 거듭나게 된다.

여기서는 이스라엘 민족이 애굽을 탈출했을 때의 상황을 살펴보고자 한다.

시내 광야에서 레위 지파를 제외한 20세 이상의 남자만 조사했을 때 603,550명이었고, 레위 지파는 30세 이상 50세 이하의 남자만 8,580명이었으니까, 이스라엘의 모든 숫자는 여자와 어린아이까지 합하면 300만 명이 넘었을 것이다. 물론 이 숫자에는 함께 탈출한 잡족들도 포함된 숫자였을 것이다. 예전에 1970년대에 여의도 광장에서 행사가 있을 때 최고 100만 명이 모인 사진을 본 적이 있다. 그 사진을 머릿속에 그려 놓고, 300만 명이라는 숫자를 대입해 보면 그 숫자를 능히 상상할 수 있다.

우리나라 인구가 300만 명이 된 것은 언제였을까?

통일신라 시대의 인구가 약 250만 명이었고, 고려 중반의 인구가 약 300만 명이었다고 한다. 그런데 그 고려 시대로부터 2,500년 전, 지금으로부터 약 3,500년 전에 모세는 300만 명이나 되는 이스라엘 민족을 종 되었던 애굽에서 이끌어 내어 이미 땅 주인이 있던 가나안으로 들여보냈다. 그게 정녕 가능한 일이었을까?

탈출도 어려웠을 테지만, 입성은 더더욱 어려웠을 것이다. 그 마음에 목적 의식을 상실한 출애굽 2세대를 이끌고 가는 가나안 정복은 더더욱 불가능한 일이었다. 40년의 세월을 보내는 동안 마음속에 품었던 목적 의식은 이미 사라졌을 것이다. 출애굽 1세대는 여호수아와 갈렙, 그리고 엘르아살을 포함한 레위 족속 일부만 생존했다. 하나님이 정말로 자신들을 가나안으로 이끄실 마음이 있을까 하는 의구심도 들었을 것이다.

광야에서 길을 잃으면 동서남북을 분간할 수 없다. 그곳은 식물도 자라지 않는 척박한 땅이다. 그래서 모세는 이곳을 광대하고 위험한 광야, 곧 불뱀과 전갈이 있고 물이 없는 건조한 땅이라고 말했다(신 8:15). 나침반이 없었던 시절에 구름 기둥과 불기둥으로 길을 인도하셨고, 홍해와 요단 강을 갈라 건너게 하셨으며, 만나와 메추라기를 보내 광야에서 식량으로 제공하셨다. 창조주께서 인간을 창조하시고, 이처럼 드러내 놓고 한 민족을 편파적으로 이끌어 내신 적은 없었다.

우리는 역사에서 게르만 민족의 대이동이나 훈족의 대이동, 투르크족의 대이동에 대해서 잘 알고 있다. 그러나 사막을 가로질러, 그것도 40년이란 긴 세월 동안 목적 의식을 버리지 않고 민족적 이동을 한 것은 이들밖에 없다. 창조주가 관여하지 않았다면 있을 수 없는 일이었다.

다음으로 생각해 볼 것은, 이스라엘 민족이 300만 명이라는 큰 민족이 되기 전에, 즉 아브라함을 애굽에서 가나안으로 옮겼듯이 이스라엘과 그 자녀들을 기근만 피하고 빨리 애굽에서 내보냈더라면, 출애굽이라는 엄청난 일을 하지 않았을 것이라고 생각할 수 있다. 하나님의 큰 섭리를 다 알 수는 없지만, 하나님은 이스라엘을 양육하기 위해 애굽을 선택하셨다. 요셉을 잘 아는 바로는 그들을 나일강 삼각주 기름진 땅 고센에 평안히 거하도록 했다. 만약 이들을 가나안에서 양육했으면, 이스라엘 민족은 주변의 민족들로 인해 무수한 싸움을 했을 것이고, 그랬으면 전쟁을 통해 많은 백성이 죽어 300만이나 되는 큰 민족으로 일어나지 못했을 것이며, 국가도 이루지 못했을 것이다. 따라서 이스라엘을 애굽으로 이끄신 것도, 그리고 출애굽을 일으키신 것도 모두 하나님의 섭리 가운데 있었던 것이다.

많은 사람들은 이런 생각을 할 수 있을 것이다.

"세상을 창조하신 이가 공의로 세상을 다스려야지, 이스라엘 민족만 중요하고 다른 민족은 하나도 중요하게 생각하지 않는 것이 말이 되는가?"

하나님은 분명 공의로 세상을 다스리신다. 이스라엘 민족에게는 홍해를 갈라 건너게 하시고, 만나와 메추라기로 먹이시고, 구름 기둥과 불기둥으로 인도하셨지만, 그러한 이적을 보고도 불순종한 그들을 용서하지 않으셨다. 그들은 그만한 대가를 치렀다.

가나안 여러 족속들은 그들의 죄악 가운데 멸망했다. 그들이 얼마나 큰 죄악 가운데 있었는지는 현재 발굴되는 고고학 자료로도 증명되며, 성경의 말씀으로도 충분히 짐작할 수 있다. 하나님은 아브라함에게, 400년 이전에 이 일을 하지 않은 것은 아모리 족속의 죄악이 아직 관영치 않았기 때문이라고 말씀하셨다. 즉 400년 후에 아모리 족속의 죄악이 극심할 것이기 때문에 그들을 심판하고 그곳에 이스라엘 민족으로 채울 것이라고 하신 것이다.

최근에 이스라엘의 출애굽에 대한 많은 고고학 자료들이 발굴되었다. 이러한 자료들을 바탕으로 이스라엘의 출애굽 경로들을 더듬어 보는 기회를 갖고자 한다.

모세가 거했던 미디안 땅

"아브라함이 후처를 취하였으니 그 이름은 그두라라 그가 시므란과 욕산과 므단과 미디안과 이스박과 수아를 낳았고 욕산은 스바와 드단을 낳았으며 드단의 자손은 앗수르 족속과 르두시 족속과 르움미 족속이며 미디안의 아들은 에바와 에벨과 하녹과 아비다와 엘다아니 다 그두라의 자손이었더라 아브라함이 이삭에게 자기 모든 소유를 주었고 자기 서자들에게도 재물을 주어 자기 생전에 그들로 자기 아들 이삭을 떠나 동방 곧 동국으로 가게 하였더라"(창 25:1~6).

"바로가 이 일을 듣고 모세를 죽이고자 하여 찾은지라 모세가 바로의 낯을 피하여 미디안 땅에 머물며 하루는 우물 곁에 앉았더라"(출 2:15).

모세가 애굽에서 도망하여 살았던 미디안 땅이 소재한 곳을 설명하는 성경 구절이다. 위의 성경 구절을 보면, 미디안은 아브라함의 두 번째 부인인 그두라가 낳은 아들로서 처음에는 요단 강 동편에 살았다는 것을 알 수 있다. 미디안 족속이 언제 사우디아라비아의 아카바만 홍해 연안으로 옮겨 갔는지 알 수 없으나, 그 땅이 미디안 땅이라는 것에 대하여 이견을 제기하는 사람은 아무도 없다.

미디안 땅

모세는 애굽의 왕자로 있다가 살인을 저지르고 미디안 땅으로 도망하여 40년간 기거한다. 모세가 기거했고 후일 이스라엘 민족이 방황했던 미디안 땅은 과거의 그 어떤 고고학 지역보다 보존력이 뛰어나다. 이드로의 집터와 모세의 우물은 3,500년이 지난 지금도 고스란히 보존되어 있는데, 그것은 아라비아 사람들이 문화유적에 대한 애착이 남달랐기 때문이 아니다. 그들은 지금도 이곳에 출애굽 당시 보물이 묻혀 있다고 생각하여 산발적으로 유적들을 파헤치고 있다.

이곳에 유적들이 여기저기 그대로 방치되어 있는 것은, 원래 사람이 살 수 없는 광야를 하나님이 이스라엘을 훈련시키시기 위해 잠시 사용했을 뿐, 그들이 떠나자 다시 주인 없는 땅이 되어 버렸기 때문이다. 더불어 비도 거의 내리지 않는 지역이므로 3,500년의 세월 동안 자연의 손길과 사람의 발길이 전혀 미치지 않았다. 그동안 아무도 이곳을 찾지 않았던 것은 로마제국에 의해 시내 산이 다른 곳으로 제시되었기 때문이다.

최근에 이곳이 이스라엘 민족이 거주했던 지역이라는 것이 알려지자, 이슬람교를 믿는 사우디아라비아 정부에서 이곳을 고고학 지역으로 분류하여 일반인의 출입을 철저히 통제하고 있으며, 출애굽 유적에 대해서는 군인들을 동원하여 훼손하고, 훼손이 불가능한 지역은 철조망을 둘러 출입을 통제하고 있다.

모세가 애굽에서 도망하여 기거했던 이드로의 집터가 있는 지역의 현재 지명은 사우디아라비아 북쪽 바드(Al Bad)이며, 이곳 이드로의 집터에서 약 1.8km 떨어진 곳에 모세의 우물(Bir Musa)이 그대로 남아 있다. 그 주변을 살펴보면, 지금도 사람이 살 수 없는 황량한 광야 지역이라고 한다. 다만 지금은 말라버린 모세의 샘물이 있었던 주위에만 자그마한 도시가 형성되어 있을 뿐이다.

모세의 장인에 대해서는 성경에 '르우엘', '이드로', '호밥'이라고 기록되어 있다. 르우엘은 '하나님의 친구'라는 뜻으로 모세를 처음 만났을 때부터 그렇게 불렀다. 이드로는 '탁월한 자'라는 뜻인데, 아마도 제사장 직함 때문에 그렇게 불렀던 것 같다. 모세에게 조언을 한

이드로의 집터

모세의 우물(Bir Musa)

출애굽기 18장에서 내내 그렇게 불렸다. 호밥은 '사랑하는 자'라는 뜻인데, 민수기 10장부터 그렇게 불린 것을 볼 때(민 10:29), 모세에 의해 애칭으로 불리다가 이름으로 정착된 것 같다. 아랍인들도 그를 호밥의 아랍어 발음인 '쇼합'으로 부른다.

이스라엘의 유월절(逾越節, Passover)

"밤중에 여호와께서 애굽 땅에서 모든 처음 난 것 곧 위에 앉은 바로의 장자로부터 옥에 갇힌 사람의 장자까지와 생축의 처음 난 것을 다 치시매 그 밤에 바로와 그 모든 신하와 모든 애굽 사람이 일어나고 애굽에 큰 호곡이 있었으니 이는 그 나라에 사망치 아니한 집이 하나도 없었음이었더라 밤에 바로가 모세와 아론을 불러서 이르되 너희와 이스라엘 자손은 일어나 내 백성 가운데서 떠나서 너희의 말대로 가서 여호와를 섬기며 너희의 말대로 너희의 양도 소도 몰아가고 나를 위하여 축복하라 하며 애굽 사람들은 말하기를 우리가 다 죽은 자가 되도다 하고 백성을 재촉하여 그 지경에서 속히 보내려 하므로 백성이 발교되지 못한 반죽 담은 그릇을 옷에 싸서 어깨에 메니라 이스라엘 자손이 모세의 말대로 하여 애굽 사람에게 은금 패물과 의복을 구하매 여호와께서 애굽 사람으로 백성에게 은혜를 입히게 하사 그들의 구하는 대로 주게 하시므로 그들이 애굽 사람의 물품을 취하였더라 이스라엘 자손이 라암셋에서 발행하여 숙곳에 이르니 유아 외에 보행하는 장정이 육십만가량이요 중다한 잡족과 양과 소와 심히 많은 생축이 그들과 함께하였으며 그들이 가지고 나온 발교되지 못한 반죽으로 무교병을 구웠으니 이는 그들이 애굽에서 쫓겨남으로 지체할 수 없었음이며 아무 양식도 준비하지 못하였음이었더라"(출 12:29~39).

모세가 바로를 만나 애굽 땅에 열 가지 재앙을 내린 것은 이야기의 전개상 크게 중요하지 않기 때문에 생략한다. 다만 한 가지 짚고 넘어가야 할 부분이 있다. 일개 이방인에 불과한 모세의 건방진 알현에 대해 바로가 왜 그를 죽이지 않았냐 하는 것이다.

하나님은 처음 모세를 만나 이스라엘 백성에게는 "너는 이스라엘 자손에게 이같이 이르기를 나를 너희에게 보내신 이는 너희 조상의 하나님 곧 아브라함의 하나님, 이삭의 하나님, 야곱의 하나님 여호와라 하라 이는 나의 영원한 이름이요 대대로 기억할 나의 표호니라"(출 3:15)라고 하였으나, 바로에게는 이스라엘 장로들과 함께 가서 "애굽 왕에게 이르기를 히브리 사람의 하나님 여호와께서 우리에게 임하셨은즉 우리가 우리 하나님 여호와께 희생을 드리려 하

이스라엘의 유월절(逾越節, Passover)

오니 사흘 길쯤 광야로 가기를 허락하소서 하라"(출 3:18)라고 말하라고 하셨다.

그런데 정작 바로에게 가서는 "이스라엘 하나님 여호와의 말씀에 내 백성을 보내라 그들이 광야에서 내 앞에 절기를 지킬 것이니라"(출 5:1)라고 하였다. 그러자 바로는 즉각 "여호와가 누구관대 내가 그 말을 듣고 이스라엘을 보내겠느냐"(출 5:2)라고 대답한다. 만약 대화가 여기서 끊겼다면 모세와 아론은 즉시 감옥행이었을 것이다. 그러자 모세는 다시 "히브리인의 하나님이 우리에게 나타나셨은즉 우리가 사흘 길쯤 광야에 가서 우리 하나님 여호와께 희생을 드리려 하오니 가기를 허락하소서"(출 5:3)라고 다시 요청한다.

고대에는 절대 권력을 가진 왕이라 할지라도 신의 대리인을 함부로 어떻게 할 수 없었다. 그 시대의 모든 사람들이 애굽의 신은 라, 블레셋의 신은 다곤(삼상 5:2), 시돈 사람의 신은 아스다롯, 암손 사람의 신은 밀곰, 모압의 신은 그모스(왕상 11:33)라는 것을 알고 있었던 것처럼, 히브리 족속의 신은 여호와라는 것을 알고 있었다. 그랬기 때문에 광야에서 이스라엘 백성이 하나님을 배반하여 주께서 그들을 죽이려 하셨을 때, 모세는 "이제 주께서 이 백성을 한 사람같이 죽이시면 주의 명성을 들은 열국이 말하여 이르기를 여호와가 이 백성에게 주기로 맹세한 땅에 인도할 능이 없는 고로 광야에서 죽였다 하리이다"(민 14:15~16)라고 빌었던 것이다. 즉 이스라엘 백성의 여호와는 모두가 몰랐어도, 히브리 족속의 신이 여호와인 것은 인근의 국가에서 모두 알고 있었다. 따라서 히브리 족속의 신인 여호와의 제사장으로 온 모세와 아론을 함부로 대할 수 없었다. 그래서 하나님은 이스라엘 백성에게 보낼 때는 '너희 조상의 하나님, 곧 아브라함의 하나님, 이삭의 하나님, 야곱의 하나님 여호와'(출 3:15) 이름으로 보내셨지만, 바로에게 보낼 때는 '히브리 사람의 하나님 여호와'(출 3:18)로 보내셨던 것이다.

히브리는 그들의 조상이 에벨이고, 에벨의 후손을 히브리 족속이라 불렀다. 그리고 히브리 족속의 신은 여호와 하나님이셨다. 그러므로 아브라함의 아비인 데라도 하나님을 섬겼고, 그 아들인 하란, 아브라함, 나홀과 그 자손들 모두 여호와 하나님을 섬겼다.

아무튼 바로가 이스라엘 민족을 놓아주게 된 결정적 계기는 애굽 땅에 거하는 사람과 짐승의 모든 장자를 죽인 열 번째 재앙 때문이었다. 그날 밤중에 바로는 모세와 아론을 불러 이스라엘 민족을 데리고 애굽 땅을 떠날 것을 허락한다. 이스라엘 민족은 아침에 편하게 애굽을 떠난 것이 아니라, 한밤중의 사건으로 인해 바로에게 등을 떠밀려 길을 재촉하게 된다.

이스라엘 민족은 그달 10일에 양을 예비하여 준비한다. 이스라엘 민족이 양을 간수한 날은 매우 중요한 날이다. 그것은 이스라엘 민족의 광야 생활 40년이 유월절 양을 간수한 날부터 시작되기 때문이다. 이스라엘 민족은 유월절 어린양을 간수한 이날부터 시작하여 여호수아가 요단 강을 건넌 제41년 1월 10일까지 정확히 40년 동안 광야에 있었다. 이날은 예수 그리스도께서 베다니 마리아에게서 향유로 부음을 받은 날이기도 하다. 예수님은 유월절 엿새 전에 베다니에서 향유로 그 머리에 부음을 받아(요 12:1~8) 유월절 어린양으로 성별되었다(출 12:3). 그래서 예수님은 마리아의 행위에 대해 나의 장사를 위함이라고 말씀하셨던 것이다.

성별된 어린양을 14일 유월절 저녁에 잡은 후 그 피를 문설주와 인방에 발라 재앙을 피했고, 잡은 어린양의 고기를 그날 밤 쓴 나물, 무교병과 함께 먹었다.

그들은 음식을 먹을 때 허리에 띠를 띠고, 발에 신을 신고, 손에 지팡이를 잡고 급히 먹었다. 고기는 날로나 삶지 않고 오직 구워서 먹었으며, 아침까지 남은 것은 모두 태워 버렸다. 그날 밤 이스라엘 민족의 음식 먹는 모습을 상상해 보면 전투에 임하는 자세와 흡사한 것을 알 수 있다. 허리에 띠를 띠고, 발에 신을

신고, 손에 지팡이를 잡고 급히 먹는 모습은, 명령만 떨어지면 바로 출발이 가능한 상태를 의미한다. 군대 생활을 해 본 사람들은 훈련 중이거나 5분 대기조 때 이와 같은 복장으로 음식을 먹고 잠도 잔 경험이 있을 것이다.

그들은 그날 밤 잠도 자지 못했을 것이다. 아무리 하나님 약속에, 우슬초로 양의 피를 좌우 설주와 인방에 바르면 재앙이 넘어갈 것이라 했어도, 인근 애굽 사람의 집에서 곡하는 소리를 들었을 때 그 재앙이 자기 집에서 넘어갔으리라는 확신이 없었을 것이다.

성경은 그들이 쫓겨남으로 지체할 수 없었고 다른 양식을 준비할 수 없었기 때문에 무교병을 준비했다고 말하고 있다. 발효된 유교병을 준비할 시간적 여유도 없었지만, 무교병을 예비한 더 근본적인 이유는 장거리 여행을 위한 준비였을 것이다. 발효된 반죽은 맛있는 음식을 만들 수 있지만, 부패하기 쉬워 긴 시간 보관할 수 없다. 또한, 앞날을 예약할 수 없고 돌아올 수 없는 여행을 떠나기 때문에 부피가 커져 장거리 여행에 여러 모로 불편한 점이 많았다.

그들은 아침 일찍 라암셋을 출발하여 숙곳에 진을 친다. 숙곳은 인원 점검을 위한 집결지였다. 이스라엘 민족은 여기서 장래를 알 수 없는 기나긴 여정을 시작한다.

그들은 애굽을 출발할 때 노예의 신분에서 벗어나 자유인으로 다시 태어날 수 있다는 희망에 부풀었을 것이다. 그리고 언제 바로의

이스라엘의 유월절(逾越節, Passover)

생각이 바뀔지 모른다는 생각에 아주 빠르게 숙곳을 출발했을 것이다. 그들은 애굽을 벗어날 때, 요셉의 해골을 취하여 떠난다. 요셉은 일찍이 이스라엘 민족이 애굽을 떠날 것을 알았고, 그때 자신의 해골도 함께 취하여 갈 것을 유언으로 남겼기 때문이었다.

성경을 자세히 읽어 보면, 야곱과 그 온 가족이 애굽에 내려간 때부터 모세에 의해 애굽을 떠날 때까지의 실질적인 기간은 215년이다. 이스라엘이 215년간 애굽에 있었던 것은 갈라디아서 3장에 기록된 말씀으로 계산할 수 있다(갈 3:17). 여기서 성경은 하나님이 미리 확정하신 언약을 430년 후에 생긴 율법이 폐기할 수 없다고 말한다.

즉, 아브라함을 불러 언약을 세울 때의 나이 75세부터(창 12:2) 모세가 시내 산에서 율법을 받은 그의 나이 80세(출 7:7; 행 7:23~36)까지의 연수가 430년이라는 말이다. 따라서, 아브라함의 나이 75세부터 야곱이 모든 가족을 데리고 애굽의 고센 땅으로 왔을 때의 나이인 130세(창 47:9)까지가 215년이라는 계산(아브라함은 75세에 언약을 받아 100세에 이삭을 낳았고, 이삭은 60세에 야곱과 에서를 낳았으며, 야곱이 130세에 애굽에 왔으므로 100-75+60+130=215년)이 나오므로, 애굽에서의 기간은 430년-215년=215년이 된다.

출애굽기 12장에서 이스라엘 자손이 애굽에 거주한 지 430년이라 한 것은 아브람이 하란을 출발하여 애굽에 잠시 거했던 때를 430년의 시작으로 봤기 때문이다(출 12:40~41).

아브람은 하나님의 약속을 받고 나이 75세에 하란을 떠나(창 12:4) 그해에 기근을 피해 애굽 땅에 잠시 머문다. 만약 하나님의 능력과 계시가 없었으면 그는 기름진 나일강 하구 삼각주에 계속 거주하여 그냥 애굽 사람으로 살았을 것이다. 아마도 이 당시 가나안이 애굽의 바로의 영향권에 있었기 때문에 나그네에 불과한 아브람과 이삭과 야곱의 삶을 애굽에 거주한 삶으로 보았는지 모르겠다.

아무튼 성경은 430년의 시작을 아브람이 기근을 피해 애굽에 잠시 머무른 때로 보고 있다.

그 기간이 215년이라는 것은 이처럼 성경의 기록으로도 계산해 볼 수 있지만, 요세푸스도 《유대 고대사》에서 그 기간을 215년이라고 기록하였다.

또 한 가지 궁금한 것은 레위, 고핫, 아므람, 모세로 이어지는 단 4대 만에 75명의 인구가 20세 이상 남자만 60만 명(여자와 어린아이를 합하면 약 300만 명)이 될 수 있느냐 하는 것이다. 민수기 3장을 자세히 읽어 보면 레위 지파를 제외한 1개월 이상 된 이스라엘 민족의 장자는 22,273명이고, 레위 지파의 장자는 300명이라고 했다. 할아버지나 아버지가 장자인 경우에는 이 숫자가 포함되지 않았다. 따라서 1개월 이상 된 아들을 가지고 있는 가족의 수가 22,573가구밖에 되지 않았던 것이다. 이스라엘에 딸만 있는 가구가 흔치 않았음을 볼 때(민 36:11), 이스라엘의 최하위 단위 가족은 3만 가구를 넘지 않았을 것으로 보인다. 따라서 215년의 기간동안 이스라엘 민족 전체는 300만 명이 될 수 없었다. 그런데 어떻게 300만이라는 숫자가 나올 수 있을까? 성경을 자세히 읽어 보면 이 숫자에는 타민족도 포함된 숫자였던 것을 알 수 있다(출 12:37~38). 자세한 내용은 "시내 광야에서 가데스 바네아까지"에서 설명하겠다.

홍해를 건너기 전까지의 여정

"바로가 백성을 보낸 후에 블레셋 사람의 땅의 길은 가까울지라도 하나님이 그들을 그 길로 인도하지 아니하셨으니 이는 하나님이 말씀하시기를 이 백성이 전쟁을 보면 뉘우쳐 애굽으로 돌아갈까 하셨음이라 그러므로 하나님이 홍해의 광야 길로 돌려 백성을 인도하시매 이스라엘 자손이 애굽 땅에서 항오를 지어 나올 때에 모세가 요셉의 해골을 취하였으니 이는 요셉이 이스라엘 자손으로 단단히 맹세케 하여 이르기를 하나님이 필연 너희를 권고하시리니 너희는 나의 해골을 여기서 가지고 나가라 하였음이었더라 그들이 숙곳에서 발행하여 광야 끝 에담에 장막을 치니 여호와께서 그들 앞에 행하사 낮에는 구름 기둥으로 그들의 길을 인도하시고 밤에는 불 기둥으로 그들에게 비취사 주야로 진행하게 하시니"(출 13:17~21).

해변길과 왕의 대로

숙곳(Succoth)에 모인 이스라엘 민족은 거기서부터 출애굽의 대장정을 시작한다. 300만 명이나 되는 사람들이 가는 길에 무슨 일이 발생할는지 알 수 없었으나, 그들은 장자의 죽음을 면하게 하신 하나님의 능력을 믿고 길을 재촉했다.

고대 중동 지방에는 2개의 국제도로가 있었다. 그 길 중 하나가 애굽의 헬리오폴리스(지금의 카이로 인근)에서 출발하여 가나안 땅 지중해변을 따라 올라가서 므깃도를 거쳐 다메섹까지 연결되는 '해변길'(Via Maris, the way of the sea)이다. 직접적으로 성경에 '해변길'(the way of the sea)로 언급된 것은 두 곳이지만(사 9:1; 마 4:15), 모세가 이스라엘 민족을 이끌고 나올 때 하나님이 그 길을 '블레셋 사람의 땅의 길'

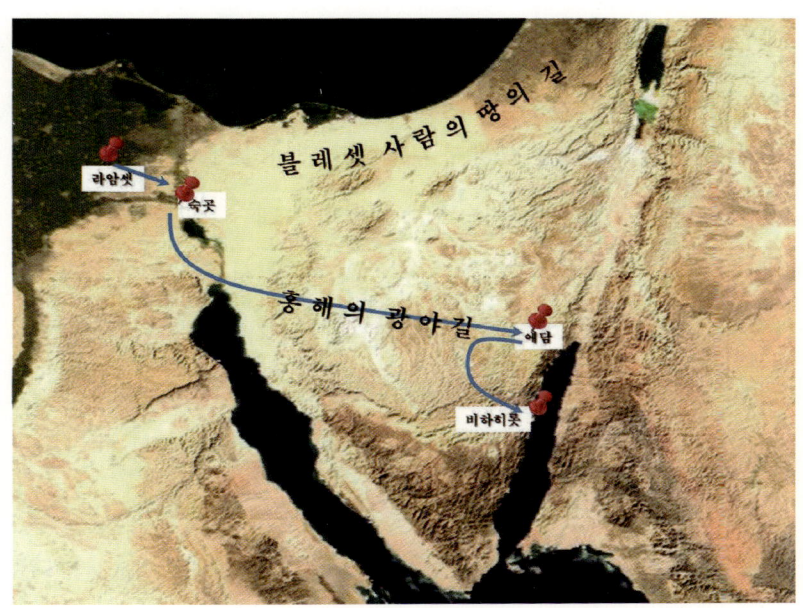

시나이반도를 가르는 고대 길

(the way to the land of Philistine)이라고 말씀하셨다. 성경을 자세히 읽어보면 해변길을 따라 아주 많은 사건이 있었던 것을 확인할 수 있다. 요셉은 길르앗에서 출발하여 도단을 거쳐 애굽으로 가던 미디안 상인들에게 팔렸는데, 그들이 요셉을 끌고 갔던 길이 해변길이었을 것이다. 요시야 왕 때 애굽의 바로 느고가 바벨론의 갈그미스를 치기 위해 이 길을 따라가다 므깃도에서 요시야 왕과 싸웠고(대하 35:20), 요한계시록의 세상 마지막 전쟁도 바로 이 해변길에 있는 므깃도에서 일어날 것이라고 예언하고 있다(계 16:16).

홍해를 건너기 전까지의 여정

다음으로 '왕의 대로'(King's Highway)가 있다. 이 길 역시 애굽의 헬리오폴리스를 출발하여, 수에즈를 거쳐 아카바(에시온게벨), 페트라를 거쳐 다마스커스(다메섹)에서 해변길과 만나고 메소보다미아 지역까지 이어진다. 성경에는 이스라엘 민족이 가데스 바네아를 떠나 가나안으로 들어가기 위해 에돔 왕과 아모리 왕 시혼에게 이 길을 통과할 수 있도록 요청하면서 직접적으로 민수기에 언급된다(민 20:17, 21:22). 300만이나 되는 사람이 이동하기 위해서는 정상적인 길을 따라야만 가능했기 때문에 왕의 대로를 열어 줄 것을 간청했던 것이다. 그런데 특별히 왕의 대로 중 수에즈에서 에시온게벨까지의 길은 '홍해의 광야길'(the way of the wilderness of the Red Sea)이라고 언급하는데, 홍해의 수에즈만과 아카바만을 직선으로 연결하는 광야길이기 때문에 이렇게 불렀다. 하나님은 이스라엘 민족에게 블레셋 사람의 땅의 길이 아닌 홍해의 광야길을 따라 북상할 것을 명하셨다. 지금도 이 길을 그대로 이용하고 있다.

또한, 이들은 하루라도 빨리 애굽의 추격권에서 벗어나야 했기 때문에 빠른 걸음으로 홍해의 광야길을 걸어갔다. 낮에는 구름 기둥으로 인도하시고, 밤에는 불기둥으로 비추어 그들을 주야로 진행하게 했다고 성경은 기록하고 있다. 수에즈에서 아카바까지의 거리는 약 230km이므로 에담에 도착할 때까지 3일 동안 밤낮을 걸었을 것이고 그 행렬의 꼬리는 아주 길게 늘어졌을 것이다. 성경에는 그들이 광야 끝 에담에 진을 쳤다고 기록하였다(출 13:20).

홍해의 광야길에서 에담이 어디인지 정확하지는 않지만, 성경이 광야 끝이라고 했기 때문에 엘랏을 못 미쳐 광야가 끝나는 곳, 현재 타바국제공항이 위치한 곳이 아닐까 생각한다. 수에즈에서 타

누웨이바 로드를 걸어가는 이스라엘 민족

바까지는 약 220km이므로 그들이 3일간 시간당 4km씩 하루 18시간을 걸었으면 충분히 도달할 수 있는 거리이다. 그들은 그 당시 국제도로를 타고 왔기 때문에 미디안 대상 등 이곳을 오가는 많은 사람들에게 노출되었을 것이고 주변 국가에 소문이 쫙 퍼졌을 것이다. 그 때문에 그들은 며칠 후 아말렉의 공격을 받는다.

에담에서 장막을 치고 잠시 쉬었던 그들은 오던 길을 10여km 되돌아간 후 비하히롯을 향해 길을 떠난다. 아주 옛날부터 있었던 이 길을 지금도 그대로 이용한다. 성경도 이들이 에담에서 돌쳐서(되돌아서, to turn back) 비하히롯 바닷가로 갔다고 기록하고 있다(출 14:2).

홍해를 건너기 전까지의 여정

에담까지는 그 당시 국제도로인 홍해의 광야길을 타고 왔지만, 그들을 인도하던 구름 기둥과 불기둥은 이제 터키석 채취 등을 위해 골짜기 사이로 형성된 와디 길로 그들을 인도하였다. 하나님이 이끌어간 길은 산과 산 사이로 난 와디(Wadi: 비가 올 때만 물이 흐르는 마른 강)길이었다. 즉 비하히롯까지 가는 길은 비가 오면 강이 되는 와디로, 산과 산 사이에 난 골짜기를 따라 형성된 길에 불과했다.

비하히롯의 현재 지명은 누웨이바이며, 지금은 이스라엘 민족이 걸었던 그 와디를 따라 누웨이바 로드(Nuweiba Road)가 개설되어 있다. 누웨이바 로드를 따라가 보면 왜 하나님이 구름 기둥과 불기둥으로 인도하셨는지 깨닫게 된다. 이곳은 커다란 미로 지대로 이곳저곳 봉우리가 솟아 있고, 산과 산 사이의 계곡 너비가 넓게는 1.5km, 좁게는 400m 되는 와디로 형성되어 있으며, 가나안이나 아라비아로 갈 수 있는 정상적인 길이 아니었다. 하나의 산모퉁이를 돌면 끝인가 하는데 또 다른 산모퉁이가 나타나고, 끝이 막힌 것 같은데 돌아서면 또 다른 길이 나타나는 것을 보면서 그들은 만감이 교차했을 것이다. 바로는 이 길에 대하여 "그들이 그 땅에서 아득하여 광야에 갇힌 바 되었다 할지라"(출 14:3)라고 하였다. 이러한 길이었기 때문에 구름 기둥과 불기둥의 인도가 없었으면 그들은 미로 같은 골짜기에서 길을 잃었을 것이다.

아래 사진 중 하나는 이스라엘 민족이 걸었던 누웨이바 로드이고, 하나는 길이 아닌 채색 계곡(Colored Canyon)이다. 누웨이바 로드에 아스팔트가 없음을 상상해 보면 불기둥과 구름 기둥이 이스라엘 출애굽 대장정에 커다란 길잡이가 되었다는 것을 알 수 있다

누웨이바 로드

누웨이바 로드 인근 채색 계곡
(Colored Canyon)

홍해 횡단(Red Sea Crossing)

"그들이 또 모세에게 이르되 애굽에 매장지가 없으므로 당신이 우리를 이끌어 내어 이 광야에서 죽게 하느뇨 어찌하여 당신이 우리를 애굽에서 이끌어 내어 이같이 우리에게 하느뇨 우리가 애굽에서 당신에게 고한 말이 이것이 아니뇨 이르기를 우리를 버려두라 우리가 애굽 사람을 섬길 것이라 하지 아니하더뇨 애굽 사람을 섬기는 것이 광야에서 죽는 것보다 낫겠노라 모세가 백성에게 이르되 너희는 두려워 말고 가만히 서서 여호와께서 오늘날 너희를 위하여 행하시는 구원을 보라 너희가 오늘 본 애굽 사람을 또 다시는 영원히 보지 못하리라 여호와께서 너희를 위하여 싸우시리니 너희는 가만히 있을지니라"(출 14:11~14).

누웨이바 해안은 입구인 와디 와티르(Wadi Watir) 계곡으로부터 쏟아져 나온 모래로 인해 남북 8km, 동서 4.5km의 넓은 모래사장(여의도 면적의 2배)을 이루고 있어 300만 명이나 되는 이스라엘 민족이 진을 치고 있을 만한 장소였다. 그들은 여기서 홍해를 건넌다. 앞에서 말했듯 와디란 '큰 비가 올 때만 흐르는 마른 강'이란 뜻이다.

홍해는 30m의 깊이까지 맨눈으로 들여다볼 수 있을 만큼 맑기로 소문나 있다. 홍해(Red Sea)라는 말은 빨간 바다라는 뜻인데, 맑은 물의 색이 빨간색이라는 것에 대해 이해가 잘 되지 않을 것이다. 또한, 홍해의 물이 정말 빨간색이라면 맨눈으로 30m 깊이에 있는 물체를 볼 수 없을 것이다. 성경의 내용을 볼 때 홍해라는 이름은 이미 모

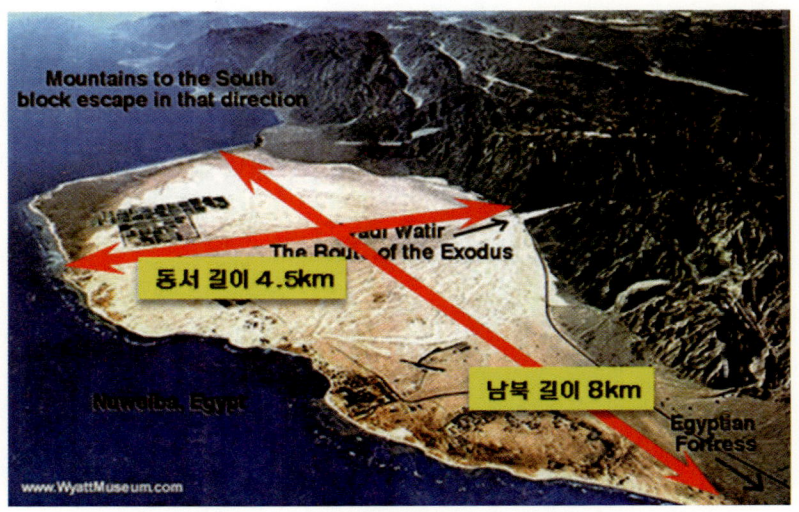

누웨이바 해변

세 때부터 수에즈만과 아카바만을 사이에 둔 바다를 그렇게 불렀다는 것을 알 수 있다(출 10:19).

이 바다를 홍해라고 부른 것은 깊은 바다에서만 사는 홍조류 때문이다. 모든 바다에는 해조류가 사는데, 바닷속 해조류 중 가까운 바다에 사는 것을 녹조류라고 부른다. 녹조류는 얕은 바다에 있는 해조류로 광합성을 용이하게 할 수 있어 푸른색을 띤다. 조금 더 깊은 곳에 있는 해조류를 갈조류라 부르고, 더 깊은 바다 속에 있는 해조류를 홍조류라 부른다. 깊은 바다에 사는 해조류일수록 광합성을 하지 못해 색깔이 붉은색으로 변하는 것이다. 홍해는 최대 수심이 1,200m에 이를 정도의 깊은 낭떠러지로 형성되어 다른 바다보다 홍조류가 많이 자생하고 있다. 그런데, 물이 워낙 투명하다 보니 깊은 바다 속에 있는 홍조류가 물빛에 투영되어 바닷물이 빨갛게 보이는 때가 많다. 예로부터 이러한 홍조류의 영향 때문에 이 바다를 홍해라고 불렀다. 홍해는 그만큼 깊고 맑

홍해의 수심을 색깔로 표한 지도

은 바다이다.

그런데 이렇게 깊은 바다지만, 누웨이바나 다합(Dahab) 등은 육지 쪽 와디를 통해 많은 모래가 홍해로 흘러들어 이곳의 바다는 스킨 스쿠버나 스노클링이 가능한 얕은 바다로 변했다. 반대편 아라비아반도의 바다 역시 군데군데 모래가 바다쪽으로 흘러 들어가 얕은 곳이 있는데, 시나이반도와 아라비아반도가 서로 마주 보면서 모래로 인해 얕아진 곳은 오직 이스라엘 민족이 건넜던 누웨이바 해안밖에 없다. 이로 인해 누웨이바 연안의 바다 깊이는 반대편 아라비아반도까지 최대 수심이 300m를 넘지 않고, 경사도 6도밖에 되지 않는다. 지금이야 수심이 300m지만, 그 당시에는 최대 수심이 50m도 안 되었을 가능성이 크다. 3,500여 년이 흐르는 동안 조류의 영향으로 주변으로 많이 흘러들었을 것이다.

하나님은 애굽 군대를 이곳에 수장시켜 당신의 이름을 드높일 계획을 가지고 계셨다. 그래서 이스라엘 민족을 바다와 믹돌(Migdol : 요새, 망루) 사이에 있는 바알스본 맞은편 비하히롯(누웨이바) 해안가에 장막을 치게 하시고 애굽의 정예부대를 기다리셨다(출 14:2, 9). 믹돌은 히브리어로 '요새'를 의미하며, 지금도 누웨이바 해안 북쪽에 고대 요새인 믹돌이 그대로 남아 있다.

누웨이바의 지형을 보면 앞으로는 홍해가 있고, 남쪽으로는 가파른 고개를 형성하고 있으며, 북쪽 방향의 해안으로도 300만 명이나

되는 사람들이 한꺼번에 갈 수 없다. 그리고 그들이 빠져나온 와디 와티르 계곡으로는 애굽의 군대가 쫓아오고

고대 요새인 믹돌

있어 이들의 원망은 절규에 가까웠다(출 14:10). 그래서 바로가 이스라엘이 혼란에 빠져 광야에 갇혔다고 말했던 것이다(출 14:3).

이러한 누웨이바의 지형에 대해 요세푸스는 《유대 고대사》에서 다음과 같이 기록하고 있다.

> "사면에 산들이 바다에 가서 끝나고 있는 데다가 산세가 험해서 산을 넘어 도망을 칠 수가 없었다. 애굽인들은 히브리인들을 산과 바다로 둘러싸인 공간에 몰아넣고 산들 사이의 입구를 지키고 있었기에 평지로 도망갈 수도 없는 형편이었다"(유대 고대사 2권 15장).

이처럼 누웨이바 해안은 성경과 요세푸스가 기록한 지형과 정확히 일치한다.

또한, 비하히롯(Pi Hahiroth)은 '계곡의 입구'(Mouth of hole or canyon)라는 뜻을 가지고 있어, 요세푸스의 기록에 신빙성을 더해 준다. 현재의 지명인 누웨이바(Nuwayba)도 이곳이 이스라엘이 머물렀던 장

와디 와티르 계곡에 구름 기둥이 막아섰을 때를 상상한 그림

소라는 것을 알려 주는데, 원래 지명은 'Nuwayba al Muzayyinah'라는 긴 이름이 축약된 것으로 '모세가 열어 놓은 물'(Waters of Moses Opening)이라는 뜻이다.

성경에는 바로가 특별 병거 600승과 애굽의 모든 병거와 장관들을 거느리고 손수 뒤쫓아 왔다고 기록하고 있으며, 요세푸스는 이스라엘을 뒤쫓은 애굽의 병력이 병거 600대, 기병 5만 명, 보병 20만 명이라고 기록하고 있다. 열왕기상 4장과 역대하 9장을 보면 솔로몬 왕이 거느린 병거와 마병의 숫자가 나오고(왕상 4:26; 대하 9:25), 사무엘하 10장과 역대상 19장에도 다윗 왕이 무찌른 아람 군대의 병거와 마병의 숫자가 나온다(삼하 10:18; 대상 19:18). 이것들로 유추해 볼 때 병거 하나에 마병 10명과 말 10필이 붙어 있었다는 것을 알 수 있어, 병거 부대의 병력은 6천 명쯤 되었을 것이다. 특별 병거가 겨우 600승뿐이라고 생각할 수 있겠지만, 500년 뒤 처와 첩을 천 명이나 거느리며 최고의 번성기를 누렸던 솔로몬 왕의 병거도 최대 1,400승이었다는 것을 감안하면, 바로는 애굽의 모든 병력을 다 투입했다는 것을 알 수 있다.

모세가 하나님을 의뢰하고 이스라엘 민족을 안심시키자, 앞쪽에 있던 구름 기둥이 뒤로 돌아 와디 와티르 계곡 입구를 막아 섰다.

> "이스라엘 진 앞에 행하던 하나님의 사자가 옮겨 그 뒤로 행하매 구름 기둥도 앞에서 그 뒤로 옮겨 애굽 진과 이스라엘 진 사이에 이르러 서니 저편은 구름과 흑암이 있고 이편은 밤이 광명하므로 밤새도록 저편이 이편에 가까이 못하였더라 모세가 바다 위로 손을 내어민대 여호와께서 큰 동풍으로 밤새도록 바닷물을 물러가게 하시니 물이 갈라져 바다가 마른 땅이 되니라"(출 14:19~21).

유대인의 전승에 따르면, 이스라엘 민족은 아빕월 21일에 홍해를 건넜다고 한다. 아빕월 15일에 길을 나섰으면 그들은 정확히 6일간 광야에 있었고, 7일째 되는 날 새벽에 홍해를 건넜던 것이다. 약 3일간 밤낮을 쉬지 않고 걸어 에담에 도착했을 것이고, 거기서 하나님에게 희생제를 드렸을 것이다(출 3:18, 5:3, 8:27). 그리고 약 하루를 쉬고 5일째 다시 길을 나서, 6일째 되는 날 오후에 비하히롯에 도착했다. 유월절 안식일을 첫날과 제7일에 지키게 된 전통도 장자를 죽이는 재앙에서 피한 첫날과 홍해를 건넌 제7일을 기념한 것이었다.

7일째 되는 날 밤, 큰 동풍으로 바닷물이 물러가게 하시므로 그들은 한밤중에 홍해를 건넌다. 새벽녘이 되어 이스라엘이 모두 홍해를 건넜을 때, 물이 다시 합쳐지고 애굽 군대는 홍해에 수장된다. 시편에서는 애굽 군대가 건널 때 바닷물이 닫히면서 폭풍과 우레와 번개가 덮쳐 애굽 군대를 집어 삼켰다고 했으며(시 77:16~20), 요세푸스도 《유대 고대사》에서 이같은 사실을 뒷받침하고 있다.

이스라엘 민족이 바닷가에 밀려

누웨이바 해안의 기념 기둥

아라비아 해안의 기념 기둥터

홍해 횡단(Red Sea Crossing)

온 애굽 사람의 시체를 보았다고 했으므로, 그들의 시체를 인근의 많은 사람들이 보았을 것이다.

후일 솔로몬 왕은 누웨이바 해안과 아라비아 해안 양쪽에 홍해 횡단 기념 기둥을 세웠다. 그것은 이러한 기적을 보여주신 조상의 하나님에 대한 감사의 표시였다. 그 기념 기둥은 최근까지 그 자리에 그대로 남아 있었다. 그러나 누웨이바 해안의 기념 기둥은 도시 건설을 위해 도시 외곽으로 옮겨졌으며, 기둥에 기록된 모든 기록들이 삭제되었다. 또한, 아라비아반도에 있던 기념 기둥은 사우디아라비아 정부에 의해 뽑혀 바닷속에 수장되고, 그 자리에는 해안경비대 표지판만 남아 있다. 1984년 론 와이어트(Ron Wyatt)가 아라비아반도 쪽에 있는 기둥을 봤을 때 거기에는 바로, 모세, 죽음, 물, 솔로몬 등의 단어들이 기록되어 있었다고 한다.

최근에 누웨이바 바닷속에 대한 탐사가 진행되었고, 그곳에 애굽 군대의 것으로 보이는 병거 바퀴며, 말 장구 등이 발견되어 이스라엘 민족의 출애굽에 대한 확실한 증거를 제시하고 있다.

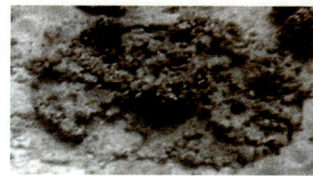 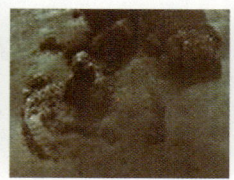 

누웨이바 바다에서 발견된 병거 바퀴

수르 광야에서 시내 광야까지

"모세가 홍해에서 이스라엘을 인도하매 그들이 나와서 수르 광야로 들어가서 거기서 사흘 길을 행하였으나 물을 얻지 못하고 마라에 이르렀더니 그곳 물이 써서 마시지 못하겠으므로 그 이름을 마라 하였더라 백성이 모세를 대하여 원망하여 가로되 우리가 무엇을 마실까 하매 모세가 여호와께 부르짖었더니 여호와께서 그에게 한 나무를 지시하시니 그가 물에 던지매 물이 달아졌더라 거기서 여호와께서 그들을 위하여 법도와 율례를 정하시고 그들을 시험하실새 가라사대 너희가 너희 하나님 나 여호와의 말을 청종하고 나의 보기에 의를 행하며 내 계명에 귀를 기울이며 내 모든 규례를 지키면 내가 애굽 사람에게 내린 모든 질병의 하나도 너희에게 내리지 아니하리니 나는 너희를 치료하는 여호와임이니라 그들이 엘림에 이르니 거기 물샘 열둘과 종려 칠십 주가 있는지라 거기서 그들이 그 물 곁에 장막을 치니라"(출 15:22~27).

홍해를 건넌 이스라엘 민족은 수르 광야를 걸어 남으로 발길을 돌린다. 누웨이바 해안의 홍해 건너편이 수르 광야가 맞느냐 하는 것은 다음 성경 말씀으로 확인할 수 있다.

"죽임을 당한 미디안 여인의 이름은 고스비니 수르의 딸이라 수르는 미디안 백성 한 종족의 두령이었더라"(민 25:15).

"그 죽인 자 외에 미디안의 다섯 왕을 죽였으니 미디안의 왕들은 에위와 레겜과 수르와 후르와 레바이며 또 브올의 아들 발람을 칼로 죽였더라"(민 31:8).

이 내용을 볼 때 수르는 미디안 땅의 일부분이었다는 것을 확인할 수 있다. 따라서 수르 광야는 시나이반도에 있는 것이 아니라, 아라비아반도에 위치하고 있다.

이스라엘 민족은 홍해를 건넌 후 3일 동안 광야를 헤매다가 겨우 물을 얻었는데, 그 물은 쓴 물이었다. 모세는 하나님이 지시하신 나무를 물에 던져 물을 달게 만들었다. 마라는 현재 타입 이씀(Tayyib

타입 이씀

al Ism) 지역으로 보이며, 홍해를 건넜던 곳에서 이곳까지는 직선으로 대략 50km가 넘는다. 이곳은 아직도 염분 농도가 강해 쓴 물이 나오고 있다. 그래서 그 물은 짐승이나 먹을 뿐, 사람은 먹을 수 없는 물이라고 한다. 더불어 해안에서 육지로 통하는 곳에는 거대한 바위가 둘로 나뉘어 길을 내고 있는데, 이곳 사람들은 모세가 바위를 쳐서 길을 내었다고 한다. 성경에 그러한 내용이 기록되어 있지 않아 그 이야기를 100% 신뢰할 수 없으나, 이곳이 모세와 연관된 곳임에는 틀림이 없는 것 같다.

마라에서 장막을 치고 쉰 후 그들은 엘림으로 떠난다. 엘림에는 물샘 12개와 종려나무 70주가 있었다. 이스라엘은 애굽을 출발하고 처음으로 엘림에서 편안한 쉼을 얻었다. 엘림은 현재의 마끄나(Al Maqnah) 지역으로 보이며, 타입 이씀에서 직선으로 약 25km 거리에 있다.

에인무사(Ain Musa)

마끄나를 엘림으로 보는 이유는, 현재 이곳에 물샘이 있고, 주위로 종려나무가 있기 때문이다. 더불어 이곳에 사는 사람들은 여기서 올라오는 물샘을 에인무사(Ain Musa)라고 부르고 있다. 아랍말로 무사는 '모세'를 뜻하며, 에인은 '자연적으로 솟아나는 샘물'을 뜻한다.

출애굽기 16장에서는 그들이 엘림을 떠나 2월 15일에 신(Sin) 광야로 들어갔다고 했는데, 민수기에서는 엘림을 떠나 홍해가에 진을 치고, 홍해가를 떠나 신 광야로 들어갔다고 하여, 엘림에서 신 광야까지 가는 동안 홍해가에 한 번 더 머물렀다고 기록하고 있다(민 33:10~11).

홍해가가 어딘지 정확히 알 수는 없다. 그러나 엘림에서 신 광야까지 약 20일이나 되는 여정이었으면 홍해가는 엘림에서 멀리 떨어진 곳일 것이다. 마끄나(Al Maqnah)에서 해안가를 따라 약 90km 떨어진 곳에 샬마(Ash Sharmah)가 있는데, 이곳에 와디 아이누나(Wadi Ainaunah)라는 골짜기가 있고, 여기에 또 다른 에인무사(Ain Musa)라는 샘과 함께 출애굽의 흔적이 있다. 따라서 민수기 33장에서 말하는 홍해가는 이곳일 가능성이 크다.

홍해가에서 쉰 그들은 북상하여 출애굽 한 달 만에 신 광야에 진을 친다. 신 광야의 위치는 성경에서 엘림과 시내 산 사이라고 하였기 때문에 마끄나와 로즈산(Jabal al Lawz) 사이에 있는 광활한 사막 지역일 것이다(출 16:1).

신 광야에 도착했을 때, 그들은 먹을 음식이 없어 모세를 원망한다. 여러 가지 기적을 보고도 원망만 하는 이스라엘 민족에 대해 질책할 수도 있겠지만, 위성으로 바라본 신 광야를 살펴보면 그들의 심정을 십분 이해할 수 있다. 그들은 이곳에서 처음으로 만나와 메추라기를 먹는다. 만나는 가나안으로 들어가기까지 40년 동안 이스라엘이 먹었으나, 메추라기는 중간에 끊어지다가 다시 내렸다. 그리고 이들은 신 광야에서 르비딤으로 향한다. 출애굽기에서는 신 광야에서 노정대로 행하여 르비딤에 장막을 쳤다고 기록했으나(출 17:1), 민수기의 기록으로 신 광야에서 돕가와 알루스에서 각각 진을 치고 르비딤으로 갔다는 것을 알 수 있다(민 33:13).

르비딤은 모세가 바위를 쳐서 물을 낸 곳이다. 성경은 호렙산 반석 위라고 말하고 있어 르비딤이 시내 산에 매우 가깝다는 사실을 알려 준다(출 17:6). 이 사건이 바로 모세가 반석을 쳐서 물을 낸 첫 번째 사건이며, 이 반석이 르비딤-므리바가 된다. 이 반석은 지금도 모세가 쳐서 갈라진 그대로 이곳에 있다. 평지보다 높은 곳에 위치하여 이스라엘 민족이 모두 볼 수 있는 곳에 있으며, 현재는 말라 있지만 물이 흘렀던 자국을 그대로 간직하고 있다.

이곳에서 이스라엘 민족은 처음으로 아말렉과 전쟁을 치러 승리하게 된다. 아말렉은 창세기 36장의 내용을 봤을 때 사해 서쪽, 에돔 땅 북쪽에 거주했는데, 이스라엘이 애굽에서 큰 보물을 가지고

르비딤-므리바 바위와 물을 먹는 이스라엘 민족

나왔다는 것과 아직 그 힘이 미약하다는 것을 알고 멀리 미디안까지 와서 이스라엘을 쳤던 것이다. 이때 여호수아는 군대를 이끌고 아말렉과 싸우고, 모세와 아론, 훌은 산에서 하나님 앞에 기도를 드린다. 그래서 모세의 팔이 내려오면 이스라엘이 지고, 모세의 팔이 올라가면 이스라엘이 이기는 전투가 진행되었다. 그때 아론과 훌이 모세의 양팔을 붙들어 싸움에서 이기게 된다.

요세푸스가 기록한 《유대 고대사》에는 아말렉과의 전투에서 모세를 도왔던 훌은 유다 지파 사람으로 미리암의 남편이라고 기록하고 있다. 성경은 훌과 관련하여 단지 그의 손자가 회막의 기술자 브살렐이었음과(출 31:2), 모세가 시내 산에 율법을 받으러 올라갈 때 아론과 같이 이스라엘을 잠시 지도했다고 밝히고 있을 뿐이다(출 24:14). 율법을 받아 시내 산을 떠나기 전까지 이스라엘 민족이 완벽하게 모세를 따르지 않았다는 것을 감안할 때 요세푸스의 기록이 어느 정도 정확한 듯싶다. 또한 요세푸스는 아말렉과의 전쟁에서 이스라엘은 한 사람도 죽은 사람이 없었다고 기록하고 있다. 따라서 하나님은 시내 산에서 율법을 받기 전까지 모든 이스라엘을 은혜로 보호하셨던 것이다.

모세는 이곳에 단을 쌓고 여호와 닛시라 부른다. 실제로 므리바 반석 인근에 단을 쌓았던 흔적이 현재까지 그대로 남아 있다. 하나님은 아말렉과의 전투가 끝난 뒤 아말렉을 도말하여 천하에 기억함이 없도록 하겠다고 하셨고(출 17:14), 하나님을 두려워하지 않고 행한 행동에 대해 절대 용서하지 말고 도말할 것을 명하셨다(신 25:17~19).

아말렉과 전투를 지휘한 여호수아는 가나안에 살던 에브라임 지파 브라아 자손을 데리고 와서 모세를 도왔다. 에브라임은 요셉의 유언에 따라 애굽을 떠나 가나안에 터전을 닦으면서 이스라엘 민족이 돌아올 날을 기다리고 있었다.

여기서 잠시, 요셉의 장자이며 이스라엘 민족의 장자인 에브라임에 대한 이야기를 해야겠다.

므낫세와 에브라임은 야곱에 의해 장자의 서열이 바뀐 것 때문에 형제간의 반목은 불을 보듯 뻔했다. 더구나 그들은 20대로 혈기왕성한 나이였다. 요셉은 장자의 명분을 빼앗은 것으로 인하여 야곱이 당한 고난을 직접 눈으로 목격했기 때문에 아들들이 장자의 명분을 두고 싸우는 것을 원치 않았을 것이다. 그리하여 므낫세는 총리 아들의 역할에 충실하도록 애굽에 붙잡아 두었고, 에브라임에게는 이스라엘의 장자로서 세겜을 개척하도록 했을 것이다.

요셉이 에브라임의 자손 3대까지 보았고 므낫세의 아들 마길의 아이들을 자신의 무릎에서 키웠다고 한 것은, 에브라임을 세겜으로 보내고 므낫세의 자손만 자신의 슬하에서 키웠기 때문일 것이다(창 50:23). 그가 죽을 때 자신의 백골을 후손들 가운데 두고, 훗날 가나안에 장사할 것을 유언으로 남긴 것도 하나님의 약속을 믿었기 때문이다.

만약 이스라엘 자손이 하나님과 조상들의 언약에 유념했다면, 기근이 끝났을 때나 요셉이 죽었을 때 가나안으로 되돌아갔어야 했다. 그러나 기름진 나일강 삼각주 지역을 떠나 가나안으로 귀환하기는 쉽지 않았을 것이다. 같은 국가 내에서 살던 땅을 떠나 타지로 가는 것도 쉽지 않은데, 민족 전체가 기름진 땅에서 척박한 땅으로 되돌아가는 것은 더더욱 힘들었을 것이다.

오직 에브라임만 기름진 고센을 떠나 세겜에 정착하여 수델라를 포함한 여러 명의 아들들과 딸 세에라와 함께 땅을 넓혀 갔다. 그러던 중 두 아들 에셀과 엘르앗이 가드 원주민에게 살해된다. 물론 그들은 가드인의 가축을 빼앗으려다가 살해된 것이지만, 가나안 개척의 어려움을 보여주는 사건이었다. 이때 에브라임이 여러 날 슬퍼하자 형제들이 가나안으로 와서 그를 위로하였다(대상 7:21~22). 사실 그는 강성대국 애굽 총리의 장자라는 권세로 세겜에서 가나안으로 땅을 넓혀 갔을 것이다. 그 뒤로 막내아들 브리아가 태어나자 그는 더욱 심기일전하여 민족의 터전을 건축하는 데 전념했다. 더불어 딸 세에라도 아래와 윗 벧호론과 우센세에라를 개척하여 에브라임에게 힘을 보탰다(대상 7:24).

에브라임이 개척한 땅은 세겜, 벧엘, 벧호론, 에브랏(베들레헴) 등 에브라임 산지를 포함하는 땅, 훗날 에브라임과 베냐민 및 유다 지파 일부에게 배분된 땅이었다. 이스라엘 백성이 출신과 상관없이 그 땅에 거한 사람을 에브라임 사람이라 불렀던 것은, 애굽에 거할 때부터 에브라임 지파가 이 땅들을 개척했기 때문이었다[삼상 1:1(레위인); 17:12(유다인); 삼하 20:21(베냐민인)]. 유다 땅에 거했던 이방인을 포함한 모든 사람을 유다 사람이라 부른 것처럼(삼상 11:8, 15:4, 17:52 등), 에브라임 땅에 거했던 사람들을 지파와 상관없이 에브라임 사람이라 불렀던 것이다.

아말렉과의 전투가 끝나고 얼마 안 되어 모세의 장인인 이드로가 모세의 아내인 십보라와 아들 게르솜, 엘리에셀을 데리고 찾아온다. 이들은 모세와 함께 애굽으로 출발했으나, 중도에 할례 사건 이후로 미디안으로 되돌아 간 상태였다. 이드로의 집이 르비딤에서 그리 멀리 떨어져 있지 않았고, 이제는 안전하다고 생각했기 때문에 모세에게 데리고 온 것이다. 힘들게 일하는 모세를 보고 이드로는 충고를 하고, 모세는 장인의 제안을 받아들여 백성의 두목, 곧 천부장과 백부장, 오십부장, 십부장을 뽑아 이스라엘을 재판하도록 한다.

이스라엘은 애굽을 떠나 약 한 달 반 만인 3월 초에 시내 광야에 도착한다.

시내 광야와 시내 산

"이스라엘 자손이 애굽 땅에서 나올 때부터 제삼월 곧 그 때에 그들이 시내 광야에 이르니라 그들이 르비딤을 떠나 시내 광야에 이르러 그 광야에 장막을 치되 산 앞에 장막을 치니라 모세가 하나님 앞에 올라가니 여호와께서 산에서 그를 불러 가라사대 너는 이같이 야곱 족속에게 이르고 이스라엘 자손에게 고하라 나의 애굽 사람에게 어떻게 행하였음과 내가 어떻게 독수리 날개로 너희를 업어 내게로 인도하였음을 너희가 보았느니라 세계가 다 내게 속하였나니 너희가 내 말을 잘 듣고 내 언약을 지키면 너희는 열국 중에서 내 소유가 되겠고 너희가 내게 대하여 제사장 나라가 되며 거룩한 백성이 되리라 너는 이 말을 이스라엘 자손에게 고할지니라 모세가 와서 백성의 장로들을 불러 여호와께서 자기에게 명하신 그 모든 말씀을 그 앞에 진술하니 백성이 일제히 응답하여 가로되 여호와의 명하신 대로 우리가 다 행하리이다 모세가 백성의 말로 여호와께 회보하매"(출 19:1~8).

하나님이 모세에게 나타나셔서 이 산에서 나를 섬기리라 했던 시내 산을, 출애굽 후 한 달 반 만에 도착한다. '제삼월 그때'에 대해서 3월 초하루, 초3일, 15일이라는 세 가지 견해가 있으나, 유대인의 전승에 따르면 시내 광야에 도착한 것이 출애굽 후 45일 만이라고 하여 시내 광야 도착을 삼월 초하루로 본다. 모세가 십계명과 율법을 받은 날이 시내 광야 도착 후 5일이 지난 시점이라고 보면 오순절과 일치한다(돌판은 모세가 40일간 금식한 후에 받는다).

르비딤과 시내 광야는 시내 산을 사이에 두고 서로 반대편에 있다. 그들은 해발 2,400m가 넘는 시내 산(Jabal al Lawz)을 '모세의 강'(Wadi Musa) 길로 돌아서 넘었을 것이다.

많은 사람들은 하나님이 이스라엘을 시내 산으로 이끄신 것은 율법을 주기 위함이라고 생각한다. 그러나 하나님은 모세를 처음 부르실 때 이 산에서 나를 섬기리라 말씀하셨고, 그들이 홍해를 건너 마라에 도착하여 하나님을 원망할 때도 "너희가 너희 하나님 나 여호와의 말을 청종하고 나의 보기에 의를 행하며 내 계명에 귀를 기울이며 내 모든 규례를 지키면 내가 애굽 사람에게 내린 모든 질병의 하나도 너희에게 내리지 아니하리니"(출 15:26)라고 하여 우선적으로 하나님을 섬기고 청종할 것을 명하셨다. 또한 그렇게 원망을 일삼는 이스라엘 민족에 대해서도 하나님은 책망하지 않고 인애와 사랑으로 보살피며 만나와 메추라기로 배부르게 하셨다(출 16:7, 9, 12).

그것은 다음의 말씀에서도 확인할 수 있다.

> "대저 내가 너희 열조를 애굽 땅에서 인도하여 낸 날에 번제나 희생에 대하여 말하지 아니하며 명하지 아니하고 오직 내가 이것으로 그들에게 명하여 이르기를 너희는 내 목소리를 들으라 그리하면 나는 너희 하나님이 되겠고 너희는 내 백성이 되리라 너희는 나의 명한 모든 길로 행하라 그리하면 복을 받으리라 하였으나 그들이 청종치 아니하며 귀를 기울이지도 아니하고 자기의 악한 마음의 꾀와 강퍅한 대로 행하여 그 등을 내게로 향하고 그 얼굴을 향치 아니하였으며"(렘 7:22~24).

즉, 하나님은 이스라엘 백성에게 처음부터 번제나 희생으로 대변되는 율법을 주신 것이 아니었다. 그들이 하나님에게 복종하지 않고 계속해서 원망하고 불순종하자 하나님께서 율법으로 대변되는 언약을 주겠다고 말씀하신 것이었다. 모세가 하나님의 명령을 이스라엘에게 고했을 때 그들은 일제히 응답하여 "여호와의 명하신 대로

모세가 세운 단

우리가 다 행하리이다"(출 19:8)라고 말한다. 이에 모세가 두 번째로 시내 산에 올라 백성의 대답을 회보하자 하나님은 정식으로 율법을 주실 절차를 이행하신다.

그런데 출애굽기 기록에는 없지만, 하나님은 이들의 맹세를 불순종이라고 보셨고, 그래서 그들을 죽이려 하셨다.

"네가 애굽 땅에서 나오던 날부터 이곳에 이르기까지 늘 여호와를 거역하였으되 호렙산에서 너희가 여호와를 격노케 하였으므로 여호와께서 진노하사 너희를 멸하려 하셨느니라 그때에 내가 돌판들 곧 여호와께서 너희와 세우신 언약의 돌판들을 받으려고 산에 올라가서 사십 주야를 산에 거하며 떡도 먹지 아니하고 물도 마시지 아니하였더니"(신 9:7~9).

출애굽기 19장의 내용을 보면 그 사실을 좀 더 분명히 확인할 수 있다. 그들은 2일간 옷을 빨고 기다려 3일을 예비하였고, 예비하는 동안에도 여인과 가까이 하지 않으면서 그 외 어떤 부정한 행동도 하지 못했다. 제3일에 우레와 번개와 빽빽한 구름이 산 위에 있고, 나팔 소리가 크게 들려 얼마나 무서웠던지 모든 백성이 다 떨었다. 모세는 백성을 데리고 진에서 나와 산기슭에 서서 하나님을 맞았고, 하나님은 시내 산 주변에 지경을 세워 그 지경을 침범하지 못하도록 하신다. 모세가 백성을 단속하고 시내 산에 올랐음에도 불구하고

12지파 돌기둥

하나님은 모세에게 다시 내려가 백성이 지경을 침범할 경우 돌격하여 죽일 것이라 경고할 것을 명하신다. 이스라엘 백성이 얼마나 무서워했을지 능히 짐작할 수 있는 장면이다. 이스라엘은 그렇게 목숨을 담보로 율법을 받을 준비를 했었다.

모세는 백성을 단속하고 네 번째로 시내 산에 올라 십계명과 그 외 하나님의 율법을 받아 내려온다. 그 율법이 얼마나 엄격한 것인가에 대해서는 출애굽기 20~23장에 자세히 기록되어 있다. 하나님은 시내 산에서 모세에게 이른 율법을 이스라엘에게 반포하면서 그들에게 다시 한번 물어 보신다. 이것에 대한 백성의 대답은 "그들이 한소리로 응답하여 가로되 여호와의 명하신 모든 말씀을 우리가 준행하리이다"(출 24:3)였다. 그들은 이러한 대답이 얼마나 큰 올무가 되고, 무서운 대답이었는지 몰랐을 것이다.

백성들이 이처럼 한목소리로 화답하자 모세는 출애굽기 20~23장에서 받은 이 모든 말씀을 기록한 후, 하나님이 명하신 대로 산 아래에 단을 쌓고, 이스라엘의 12지파대로 열두 기둥을 세우고, 이스라엘 자손의 청년들을 보내어 번제와 화목제를 드리고 기록한 언약서를 백성에게 낭독하여 다시 한번 그들의 대답을 듣는다. 그들은 세 번째로 대답하여 "여호와의 모든 말씀을 우리가 준행하리이다"(출 24:7)라고 말한다. 세 번째 대답은 두루마리에 기록한 것이고, 피로써 한 맹세였다. 두루마리에 기록하고 피로 한 맹세는 하늘이 두

쪽이 나도 반드시 지켜야 하는 것이었다.

　이에 하나님은 모세에게 산에 올라 하나님 앞에서 율법과 계명을 친히 기록한 돌판을 받아 가라고 말씀하신다. 모세는 여섯 번째로 여호수아와 함께 시내 산에 오른다. 신명기의 내용을 봤을 때 모세의 40일간 금식은 이스라엘을 위한 기도였을 것이다(신 9:7~9). 하나님이 모세의 손에 쥐여 주신 것은 십계명을 기록한 돌판이었지만, 환상 가운데 계시하신 것은 하나님의 무한하신 은혜를 대변하는 성막 제사와 제사장 예법에 관한 것이었다(출 25~31장). 그때 여호수아는 모세로부터 멀리 떨어져 기다린다. 하나님은 이스라엘 족속, 아니 인간의 마음속에는 죄악뿐이 없다는 것을 잘 알고 계셨다. 하나님이 모세에게 주신 제사법은 불순종하는 인간에 대한 사랑의 표현이셨다.

　정말 엄격하고 무서운 율법과 계명에 대해 세 번씩이나 "여호와의 모든 말씀을 우리가 준행하리이다"(출 19:8, 24:3, 7)라고 대답한 이스라엘 백성은, 모세가 40일간 산 위에 있는 짧은 기간도 기다리지 못하고 금으로 송아지 우상을 만들어 섬긴다. 물론 그들은 하나님을 금송아지로 형상화하여 섬겼다고 할 수 있겠지만, 하나님은 십계명에 이르기를 "나를 비겨서 은으로 신상이나 금으로 신상을 너희를 위하여 만들지 말고"(출 20:23)라고 하셨기 때문에 그것은 핑계가 되지 못한다. 더욱이 송아지는 애굽 사람들이 섬기는 우상이었다. 언약서

아론의 금송아지 제단

에 잉크가 마르기도 전에 그 율법을 어긴 것이다. 어떻게 세 번씩이나 한결같이 맹세했던 사람들이 그러한 행동을 할 수 있었을까?

그때 하나님은 정말로 이스라엘을 쓸어 없애 버리려 다짐하셨다.

"여호와께서 모세에게 이르시되 너는 내려가라 네가 애굽 땅에서 인도하여 낸 네 백성이 부패하였도다 그들이 내가 그들에게 명한 길을 속히 떠나 자기를 위하여 송아지를 부어 만들고 그것을 숭배하며 그것에게 희생을 드리며 말하기를 이스라엘아 이는 너희를 애굽 땅에서 인도하여 낸 너희 신이라 하였도다 여호와께서 또 모세에게 이르시되 내가 이 백성을 보니 목이 곧은 백성이로다 그런즉 나대로 하게 하라 내가 그들에게 진노하여 그들을 진멸하고 너로 큰 나라가 되게 하리라 모세가 그 하나님 여호와께 구하여 가로되 여호와여 어찌하여 그 큰 권능과 강한 손으로 애굽 땅에서 인도하여 내신 주의 백성에게 진노하시나이까 어찌하여 애굽 사람으로 이르기를 여호와가 화를 내려 그 백성을 산에서 죽이고 지면에서 진멸하려고 인도하여 내었다 하게 하려하시나이까 주의 맹렬한 노를 그치시고 뜻을 돌이키사 주의 백성에게 이 화를 내리지 마옵소서 주의 종 아브라함과 이삭과 이스라엘을 기억하소서 주께서 주를 가리켜 그들에게 맹세하여 이르시기를 내가 너희 자손을 하늘의 별처럼 많게 하고 나의 허락한 이 온 땅을 너희의 자손에게 주어 영영한 기업이 되게 하리라 하셨나이다"(출 32:7~13).

모세의 간청으로 하나님은 이스라엘을 용서하신다. 모세는 하나님이 친히 쓰신 돌판을 산 아래로 던져 깨뜨리고, 금송아지를 가루로 만들어 시내에 뿌려 이스라엘로 마시게 한다. 모세가 "누구든지 여호와의 편에 있는 자는 내게로 나아오라"(출 32:26)라고 했을 때, 레위 지파가 모세에게 붙어 범죄한 이스라엘 사람 3천 명가량을 칼로 죽인다.

모세는 다음과 같이 아뢴다.

"슬프도소이다 이 백성이 자기들을 위하여 금신을 만들었사오니 큰 죄를 범하였나이다 그러나 합의하시면 이제 그들의 죄를 사하시옵소서 그렇지 않사오면 원컨대 주의 기록하신 책에서 내 이름을 지워 버려 주옵소서"(출 32:31~32).

그러자 하나님은 다음과 같이 말씀하신다.

"누구든지 내게 범죄하면 그는 내가 내 책에서 지워 버리리라 이제 가서 내가 네게 말한 곳으로 백성을 인도하라 내 사자가 네 앞서 가리라 그러나 내가 보응할 날에는 그들의 죄를 보응하리라…너는 네가 애굽 땅에서 인도하여 낸 백성과 함께 여기서 떠나서 내가 아브라함과 이삭과 야곱에게 맹세하기를 네 자손에게 주마 한 그 땅으로 올라가라 내가 사자를 네 앞서 보내어 가나안 사람과 아모리 사람과 헷 사람과 브리스 사람과 히위 사람과 여부스 사람을 쫓아내고 너희로 젖과 꿀이 흐르는 땅에 이르게 하려니와 나는 너희와 함께 올라가지 아니하리니 너희는 목이 곧은 백성인즉 내가 중로에서 너희를 진멸할까 염려함이니라"(출 32:33~33:3).

비록 하나님이 노여움을 푸셨다 하더라도 이스라엘의 행동에 대해 얼마나 상심이 컸는지 능히 짐작할 수 있다. 하나님은 이스라엘로 단장품을 제하게 하시고 모세와 대화를 하신다. 하나님과의 대화를 보면 그가 얼마나 하나님의 사람이었는지 알 수 있다.

"모세가 여호와께 고하되 보시옵소서 주께서 나더러 이 백성을 인도하여 올라가라 하시면서 나와 함께 보낼 자를 내게 지시하지 아

금송아지 제단과 거기 새겨진 애굽의 황소신과 암소신

니하시나이다 주께서 전에 말씀하시기를 나는 이름으로도 너를 알고 너도 내 앞에 은총을 입었다 하셨사온즉 내가 참으로 주의 목전에 은총을 입었사오면 원컨대 주의 길을 내게 보이사 내게 주를 알리시고 나로 주의 목전에 은총을 입게 하시며 이 족속을 주의 백성으로 여기소서 여호와께서 가라사대 내가 친히 가리라 내가 너로 편케 하리라 모세가 여호와께 고하되 주께서 친히 가지 아니하시려거든 우리를 이곳에서 올려 보내지 마옵소서 나와 주의 백성이 주의 목전에 은총 입은 줄을 무엇으로 알리이까 주께서 우리와 함께 행하심으로 나와 주의 백성을 천하 만민 중에 구별하심이 아니니이까 여호와께서 모세에게 이르시되 너의 말하는 이 일도 내가 하리니 너는 내 목전에 은총을 입었고 내가 이름으로도 너를 앎이니라 모세가 가로되 원컨대 주의 영광을 내게 보이소서 여호와께서 가라사대 내가 나의 모든 선한 형상을 네 앞으로 지나게 하고 여호와의 이름을 네 앞에 반포하리라 나는 은혜 줄 자에게 은혜를 주고 긍휼히 여길 자에게 긍휼을 베푸느니라 또 가라사대 네가 내 얼굴을 보지 못하리니 나를 보고 살 자가 없음이라 여호와께서 가라사대 보라 내 곁에 한 곳이 있으니 너는 그 반석 위에 섰으라 내 영광이 지날 때에 내가 너를 반석 틈에 두고 내가 지나도록 내 손으로 너를 덮었다가 손을 거두리니 네가 내 등을 볼 것이요 얼굴은 보지 못하리라"(출 33:12~23).

결국 모세는 하나님의 마음을 돌리는 데 성공한다. 하나님은 그 증거로 모세를 반석 틈에 두고 손으로 덮었다가 거두어 등을 보이겠다고 말씀하신다. 그리고 모세에게 다시 돌판을 깎아 시내 산에 올라 십계명을 받으라고 명하신다. 이에 모세는 여덟 번째로 시내 산에 오르면서 싯딤나무로 증거궤를 만들어 돌판과 함께 가져갔다(신 10:1~5). 이 때도 시내 산에서 40일간 금식하며 이스라엘을 위한 기도를 드린다(신 9:18). 하나님은 모세에게 다시 십계명을 기록한 돌판을 주시면서 우상 숭배에 대한 경계와 세 번의 절기와 안식일의 중요성을 다시 한번 말씀하신다. 두 번째 십계명을 받아 올 때 모세의 얼굴에서는 빛이 나왔고, 모세는 자신의 빛난 얼굴로 인해 하나님의 영광이 가려질 것을 두려워하여 이스라엘로 보지 못하도록 얼굴을 수건으로 가린다.

모세는 기술자를 선발하여 성막을 제작하고, 제2년 1월 1일에 성막을 하나님에게 봉헌한다. 그리고 그달 14일에 시내 광야에서 두 번째 유월절을 보내고, 2월 1일에는 20세 이상의 남자들에 대한 인구를 조사한다. 그리고 2월 20일에 11개월 20일간 머물렀던 시내 광야에서 떠난다.

현재 시내 산(Jabal al Lawz) 아래 시내 광야에 가면 이스라엘 백성이 시내 산에 오르지 못하도록 지경을 세운 곳을 확인할 수 있고, 모세의 제단, 이스라엘 지파를 위한 열두 돌기둥, 아론의 금송아지 제단도 찾아볼 수 있다. 아론의 금송아지 제단 앞으로는 모세가 금송아지를 갈아 뿌린 시내가 아직도 흐르고 있어 그때의 사건을 말없이 증언하고 있다. 또한, 시내 산 정상 부분 전체에 검게 그을린 자욱이 있어 하나님이 시내 산에 강림하실 때 불 가운데 강림하셨다는 것이 사실이라는 것을 확인할 수 있다. 또한 정상 부근에 엘리야의 동굴을 발견할 수 있는데, 엘리야가 이세벨에게 쫓겨 40일간 도망한 후 도착하여 숨어 지냈던 곳이다(왕상 19:5~10).

그리고 이곳은 예수님이 베드로, 요한, 야고보를 데리고 가셨던 변화산이며, 바울이 하나님을 만나 계시를 받았던 곳이다. 예수님은 이곳으로 재림(신 33:2)하시어 왕의 대로를 거쳐(합 3:3; 사 11:16; 삿 5:4; 사 63:1) 감람산(올리브산)에 서실 것이며(슥 14:4), 예루살렘 도성 동편 문을 통해 입성하실 것이다(겔 43:1~4, 44:1~2).

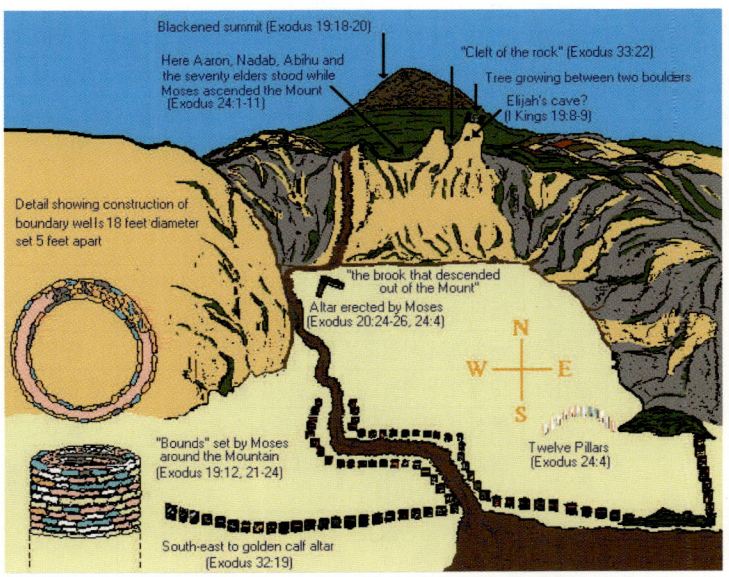

론 와이어트가 조사한 시내 광야와 시내 산

모세의 시내 산 등반 일정과 이스라엘 민족의 시내 광야 일정

기간 및 일자			일 정	성경 구절
약 9개월 반 소요	제1년 3월초		시내 광야 도착(출애굽 후 1개월 반 뒤)	출 19:1
	1차 등반	올라감	이스라엘과 계약을 맺어 그를 통해 세계를 구속하실 것이라는 하나님의 계획을 모세가 들음	출 19:3
		내려옴	모세가 백성에게 이 말씀을 전함	출 19:7
	2차 등반	올라감	백성의 말을 하나님에게 보고하자 하나님은 정결 규례를 하달함	출 19:8
		내려옴	몸을 정결케 하여 십계명을 받을 준비를 하라고 함	출 19:14
	3차 등반	올라감	백성이 시내 산에 오르지 못하도록 명령함	출 19:20
		내려옴	하나님의 주의사항을 백성에게 회보	출 19:25
	4차 등반	올라감	하나님의 언약의 계명과 율례를 받음	출 20:21
		내려옴	모세가 언약서를 낭독한 후 언약식을 체결함	출 24:3
	5차 등반	올라감	계약 체결 후 장로들과 함께 산에 올라 기쁨의 공동식사	출 24:9
		내려옴	다시 소명을 받은 후 뒷일을 아론과 훌에게 부탁	(?)
	6차 등반	올라감	40주야를 금식하면서 하나님이 친히 쓰신 돌판을 받음	출 24:15
		내려옴	금송아지 사건으로 인해 두 돌판을 깨뜨림	출 32:15
	7차 등반	올라감	모세가 생명을 걸고 중보기도를 함	출 32:30~31
		내려옴	백성이 단장품을 제거하고 자숙함	출 32:34
	8차 등반	올라감	십계명을 새긴 돌판을 다시 받기 위해 올라감, 40주야를 금식함	출 34:4
		내려옴	모세가 돌판을 들고 내려옴, 얼굴에서 광채가 남	출 34:29
한 달 20일 소요	제2년 1월1일		완성된 성막을 하나님에게 봉헌	출 40:17
	제2년 1월14일		시내 광야에서 두 번째 유월절을 보냄	민 9:1~5
	제2년 2월1일		20세 이상의 남자들 인구 조사	민 1:1
	제2년 2월20일		시내 광야 ➔ 바란 광야 (성막을 완성한 지 약 7주 후 바란 광야를 향하여 출발)	민 10:11~12

시내 광야에서 가데스 바네아까지

"제이년 이월 이십일에 구름이 증거막에서 떠오르매 이스라엘 자손이 시내 광야에서 출발하여 자기 길을 행하더니 바란 광야에 구름이 머무니라 이와 같이 그들이 여호와께서 모세로 명하신 것을 좇아 진행하기를 시작하였는데"(민 10:11~13).

제2년 2월 20일, 드디어 이스라엘 민족은 약 11개월 동안 머물렀던 시내 광야를 출발하여 바란 광야를 향하여 떠난다. 바란 광야로 떠나는 이스라엘의 일정을 따라가기 전에 우선 이들이 11개월 동안 시내 광야에 머물면서 어떤 일을 했는지 잠시 살펴보고자 한다.

첫째, 율법을 받고 성막을 지었다. 출애굽기 19장에서부터 레위기 전체에 이 내용이 나온다. 이들은 하나님으로부터 율법을 받았고,

이를 통해 하나님이 통치하는 백성이 된다. 율법과 함께 받은 것은, 율법을 범했을 때, 해결할 수 있는 제사법이었다. 제사를 위해 하나님은 아론을 제사장으로 세우시고, 성막을 만들도록 하셨다. 성막 위로는 항상 하나님이 임재하셨다.

둘째, 그들은 군대를 편성했다. 제2년 2월 1일에 지파별로 20세 이상의 남자를 계수했는데(민 1:18), 이는 전술부대 단위로 군대를 편성하기 위함이었다. 레위 지파는 부대 편제에 속하지 않아 인구 조사에서 제외되었다. 성경은 애굽을 떠날 때부터 그들을 군대라 칭했다.

"이스라엘 자손이 애굽에 거주한 지 사백삼십 년이라 사백삼십 년이 마치는 그날에 여호와의 군대가 다 애굽 땅에서 나왔은즉"(출 12:40~41).

"온 이스라엘 자손이 이와 같이 행하되 여호와께서 모세와 아론에게 명하신 대로 행하였으며 그 같은 날에 여호와께서 이스라엘 자손을 그 군대대로 애굽 땅에서 인도하여 내셨더라"(출 12:50~51).

숙영하여 진을 칠 때는 가운데 성막을 중심으로 동쪽에는 유다 지파의 깃발 아래 유다 지파 74,600명, 잇사갈 지파 54,400명, 스불

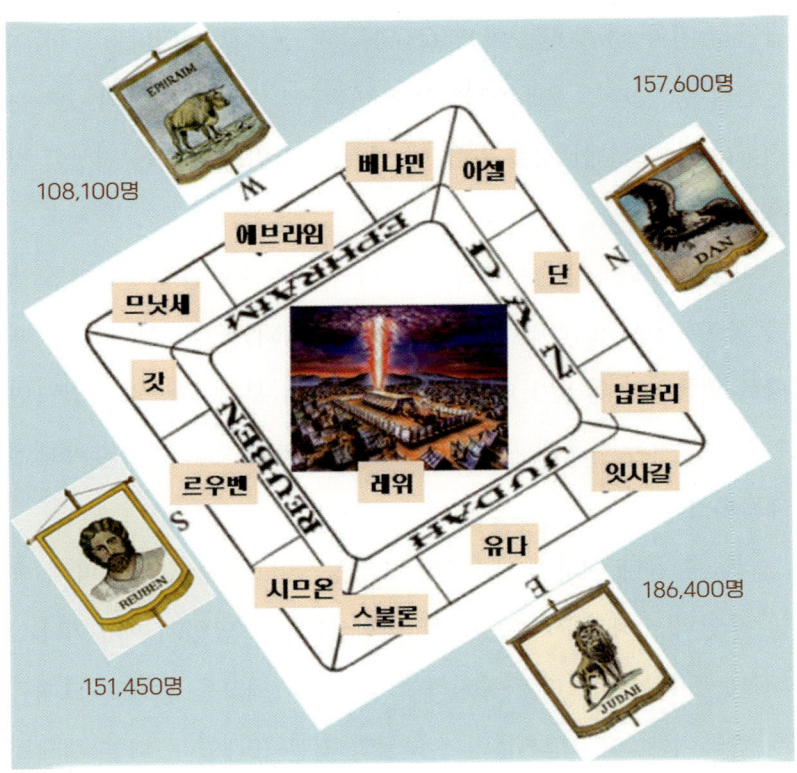

론 지파 57,400명, 총 186,400명을 제1군으로 하고, 남쪽에는 르우벤 지파의 깃발 아래 르우벤 지파 46,500명, 시므온 지파 59,300명, 갓 지파 45,650명, 총 151,450명을 제2군으로 하였다. 그리고 서쪽에는 에브라임 지파의 깃발 아래 에브라임 지파 40,500명, 므낫세 지파 32,200명, 베냐민 지파 35,400명, 총 108,100명을 제3군으로 하고, 북쪽에는 단 지파의 깃발 아래 단 지파 62,700명, 아셀 지파 41,500명,

납달리 지파 53,400명, 총 157,600명을 제4군으로 하였다. 그리하여 군인의 총 숫자는 603,550명이었다(민 2:3~31). 100명 이하의 숫자는 절사하거나 절상한 것을 봤을 때, 백부장 단위로 군대를 편성한 것으로 보인다.

이스라엘 민족이 출애굽할 때 중다한 잡족인 이민족도 함께 모세를 쫓아나왔는데, 과연 그들도 군대에 편성되었을까? 부대 편제 때 따로 언급되지 않았기 때문에 만약 그들이 부대 편성을 받았다면 이스라엘 지파 가운데 흡수되었을 텐데, 그러면 어느 지파의 부대에 배속되었을까?

그들은 유다 지파에 배속되었을 가능성이 크다. 유다 지파에 속한 군인의 숫자가 74,600명으로 비정상적으로 많았기 때문이다(민 2:4~32). 유다는 며느리와 동침하여 베레스와 세라를 낳았고, 그래서 두 쌍둥이는 그의 형제들의 손자들과 같은 또래였다. 다른 형제들에 비하여 한 세대나 출발이 늦었음에도 그들은 가장 많은 군인을 보유했다는 것이다.

구체적으로 따져 보자. 야곱이 그의 자손들과 함께 기근을 피해 애굽으로 내려갈 때, 요셉의 나이는 39세였고 유다의 나이는 42세쯤 되었다. 그런데 유다는 애굽으로 가기 전 며느리와 동침하여 쌍둥이 베레스와 세라를 낳았다. 그러므로 애굽으로 떠날 때 쌍둥이의 나이는 두어 살도 안 되었을 것이다. 그때 셀라(유다의 셋째 아들)의 자녀에 대한 언급이 없고, 두어 살 정도밖에 되지 않은 베레스에게만 헤스론과 하물이라는 두 아들의 이름을 기록한 것을 봤을 때(창 46:12), 후대에 성경을 기록한 누군가가 왕의 후손인 다윗의 계보를 알려 주기 위해 첨가했을 가능성이 크다. 그러므로 유다 지파는 다른 지파들보다 한 세대가 뒤져 있었다.

요셉도 유다와 비슷한 시기에 자녀를 낳았다. 요셉의 아들인 므낫세와 에브라임은 7년 풍년의 기간 중 태어났으므로(창 41:50), 그들의 나이는 유다의 쌍둥이보다 한두 살 정도 많았을 것이다. 그런데 출애굽 때까지 유다의 후손은 베레스 → 헤스론 → 람 → 아미나답 → 나손으로 5세대만 흐른 반면(대상 2:4~10; 민 1:7), 요셉의 후손은 에브라임 → 브리아(막내아들) → 레셉 → 델라 → 다한 → 라단 → 암미훗 → 엘리사마로 8세대가 흘렀다(대상 7:23~27; 민 1:10). 따라서 애굽을 떠날 때 당연히 더 많은 세대가 흐른 에브라임과 므낫세의 병력이 많아야 함에도 불구하고, 에브라임 지파의 군인들은 40,500명, 므낫세 지파의 군인들은 32,200명이었으며, 유다 지파의 군인들이 두 지파를 합한 숫자보다 많았다. 실제로 성막 봉사와 제사에 동원된 30세 이상 50세 이하의 레위 지파의 남자들은 고핫 → 아므람 → 모세로 3세대밖에 흐르지 않아 8,580명에 불과했다(민 3:14~39). 유다 지파의 병력이 이처럼 많았던 것은 한 가지 이유밖에 없다. 그것은 그들의 부대에 이민족이 섞였기 때문이었다 유다 지파가 잡족으로 구성된 혼성 부대라는 또 다른 이유는 그들이 부대의 선봉에 섰다는 것이다(민 10:14). 과거로부터 선봉에 서는 것은 두 가지 이유 때문이다. 첫째, 큰 공을 세우기 위해서이다. 큰 공을 세우는 기회는 선봉에 섰을 때 많으며, 목숨을 건 만큼 큰 보상도 따른다. 둘째, 주류가 아니기 때문이다. 평범한 군인들은 목숨을 내놓을 정도로 위험한 선봉 부대에 서는 것을 두려워한다. 그래서 과거로부터 선봉은 대체로 용병들이 담당하였다.

그들이 선봉에 섰던 두 가지 가능성을 열어 두고 봤을 때, 그들은 용감해서 선봉에 선 것이 아니라 이민족으로 편성된 부대였기 때문일 가능성이 크다. 왜냐하면 유다 지파 갈렙은 선봉에 설 정도로 용감했지만 보상을 받은 것이 아니라, 네게브 사막에 가까운 거칠고 척박한 땅을 분배받았기 때문이다. 요단 동편의 기름진 땅은 오히려 갓 지파, 르우벤 지파, 그리고 므낫세 반 지파가 차지했다. 유다 지파에 속한 군인들은 주류가 아니었기 때문에 선봉에 서서 전쟁을 치른 후에 다른 지파의 도움 없이 단독으로 가나안 남방을 개척해야 했다(수 14:6-13).

실제로 유다 지파에 속한 군인들 가운데 이민족의 이름이 언급되고 있어 유다 지파가 이민족과 혼합된 부대라는 것을 확인할 수 있다. 유다 지파의 두령인 여분네의 아들 갈렙은 유다 지파 사람이 아니었다. 성경은 그를 유다 지파(에 속한) 그나스(또는 그니스) 사람 여분네의 아들이라 했다(민 14:6, 32:12; 수 14:14; 삿 1:13). 그의 딸 악사와 결혼한 이스라엘의 첫 번째 사사인 옷니엘도 그나스의 후손이었다(수 15:17). 그러므로 만약 그나스가 유다 자손이라면 유다의 후손 중에 그 이름이 언급되어야 한다. 그런데 이스라엘의 족보를 기술한 역대상 1~8장을 아무리 살펴도 유다 지파의 족보에서 그나스를 찾을 수 없다. 오히려 에서의 후손 가운데서 그나스를 확인할 수 있다. 에서는 첫 번째 부인인 헷 족속 엘론의 딸 아다(바스맛)에게서 엘리바스를 낳았고, 엘리바스의 아들 중에 그나스가 있으며, 그 후손을 그나스 족속이라 불렀다(창 36:10~16; 대상 1:36, 53). 또한 이드로의 후손인 겐 족속이 가나안 정복 이후 유다 남방에 거주한 것만 봐도 유다 지파가 이방 민족과 함께한 것을 알 수 있다(삼상 15:6~7, 27:10).

이렇게 유다 지파에 속한 부대가 이민족 혼성 부대라는 것이 군인들의 숫자와 이름을 통하여 확인되었다.

참고로 성경을 읽는 독자들은 애굽을 떠날 때, 20세 이상인 사람들 중 여호수아와 갈렙을 제외하고 모두 광야에서 죽은 것으로 착각한다. 그러나 성경이 광야에서 죽었다고 언급한 사람들은 군인으로 계수된 남자들만이었다(신 2:16). 그들만 가데스 바네아의 저주에 묶여 있었다(민 14:29~30). 그랬기 때문에 엘르아살과 이다말은 애굽을 떠날 때 20세가 넘었지만 여호수아, 갈렙과 함께 가나안에 들어갔다. 즉 출애굽 당시 20세가 넘었지만 계수에서 빠진 레위 지파와 여인들 중 많은 사람들이 가나안으로 들어갔을 것이다.

유대인의 전승에 따르면 동쪽 유다 지파의 깃발은 사자 형상이 그려진 녹색기였는데, 이는 "유다는 사자 새끼로다"(창 49:9)라는 성경 말씀에 의해서였다. 남쪽 르우벤 지파의 깃발은 사람의 형상이 그려진 홍색기였으며, 이는 그들이 이스라엘의 장자였기 때문이다. 서쪽 에브라임 지파의 깃발은 송아지 형상이 그려진 황색기였으며, 이는 그 조상 요셉이 송아지 꿈을 통해 애굽을 구원했기 때문이었다(창 41:25~36). 그리고 북쪽 단 지파의 깃발은 독수리 형상이 그려진 백색과 홍색이 뒤섞인 깃발이었다. 단 지파의 표식은 원래 뱀이었는데(창 49:17), 뱀은 사탄을 상징하므로 천적인 독수리를 그 깃발에 그렸다고 한다.

에스겔이 본 그룹의 모습
(Pat Marvenko Smith)

그런데 이 깃발들에 그려진 형상은 하나님의 보좌를 지키는 그룹의 형상들과 일치한다(겔 1:4~28, 10:1~22; 계 4:6~9). 의도하지 않았을지라도, 그들은 하나님의 보좌를 상징하는 성막을 중심으로 동서남북에서 하나님의 보좌를 지키는 4명의 그룹으로서의 역할을 수행했던 것이다.

요한이 본 그룹의 모습(Pat Marvenko Smith)

    마지막으로, 그들은 가나안 땅에 거하는 족속들과 전쟁을 예비하기 위해 전술 기동 훈련을 실시했다. 전투를 치르기 위해서는 모든 군대를 전술 운영 단위로 편제한 후 명령과 신호에 따라 일사불란하게 움직이는 전술 기동 훈련의 과정을 거쳐야 한다는 것이 과거로부터 현재까지 변하지 않는 진리이다. 앞서 살폈듯이 민수기 2장을 보면 민수기 1장에서 계수한 군인의 숫자를 또다시 언급하는데(민 2:2~32), 1장이 각 지파별 군인의 숫자를 단순 열거한 것이라면, 2장에서는 전술 단위의 부대 편제에 따른 군인의 숫자를 언급했다는 차이점이 있다.

"이스라엘 자손이 여호와께서 모세에게 명하신 대로 다 준행하여 각기 가족과 종족을 따르며 그 기를 따라 진 치기도 하며 진행하기도 하였더라"(민 2:34).

이처럼 모든 부대의 편제를 마친 후에 비로소 부대 깃발에 따라 숙영할 때와 행군할 때 그리고 전투에 임할 때, 어떻게 일사불란하게 움직여야 하는지 훈련했던 것이다. 각 지파마다 사용하는 깃발과 은나팔 2개는, 명령과 신호에 따라 일사불란하게 지휘관(천부장)을 부르고 군대를 움직이기 위한 가장 필수적인 도구였다(민 10:2~8). 그러한 전술 기동 훈련을 두루 마친 후 제2년 2월 20일에 비로소 이스라엘 백성은 시내 광야를 떠나 바란 광야를 향하여 나아갈 수 있었다(민 10:11~12). 전투 경험이 없는 그들에게 20일은 너무 짧은 시간이었다.

제2년 2월 20일에 이스라엘은 드디어 성막을 쳤던 순서대로 항오를 갖추고 질서정연하게 가나안을 향해 출발한다. 선두에는 유다 지파의 진 깃발에 속한 군대가 항오를 갖추어 진행했는데 여기에 속한 지파는 유다 지파, 잇사갈 지파, 스불론 지파이다. 그 뒤로 레위 지파 중 게르손 자손과 므라리 자손이 성막을 메고 따라갔으며, 성막의 뒤로는 르우벤 지파의 진 깃발에 속한 르우벤 지파, 시므온 지파, 갓 지파가 진행하였다. 갓 지파 뒤로는 레위 지파 중 고핫 자손들이 성물을 메고 진행하였다. 그다음으로 에브라임 지파의 진 깃발에 속한 에브라임 지파, 므낫세 지파, 베냐민 지파가 뒤를 이었다. 후미는 단 지파의 진 깃발에 속한 단 지파, 아셀 지파, 납달리 지파가 맡았다. 군대에 속하지 않은 이스라엘 민족은 자신의 지파에 속한 군대를 쫓아 나갔다.

그들은 시내 광야에서 발행하여 기브롯 핫다아와에 진을 쳤으나, 가는 도중 다베라에서 하나님을 원망한다. 그 원망으로 인해 하나님은 진의 끝을 불로 사르셨고, 모세의 기도로 불은 꺼졌다. 그 후 섞여 사는 무리와 일부 이스라엘 민족들이 고기를 먹지 못함으로 인해 다시 또 하나님을 원망하자 모세는 백성을 위하여 하나님에게 다시 엎드린다.

"여호와께 여짜오되 주께서 어찌하여 종을 괴롭게 하시나이까 어찌하여 나로 주의 목전에 은혜를 입게 아니하시고 이 모든 백성을 내게 맡기사 나로 그 짐을 지게 하시나이까 이 모든 백성을 내가 잉태하였나이까 내가 어찌 그들을 생산하였기에 주께서 나더러 양육하는 아비가 젖 먹는 아이를 품듯 그들을 품에 품고 주께서 그들의 열조에게 맹세하신 땅으로 가라 하시나이까 이 모든 백성에게 줄 고기를 내가 어디서 얻으리이까 그들이 나를 향하여 울며 가로되 우리에게 고기를 주어 먹게 하라 하온즉 책임이 심히 중하여 나 혼자는 이 모든 백성을 질 수 없나이다 주께서 내게 이같이 행하실진대 구하옵나니 내게 은혜를 베푸사 즉시 나를 죽여 나로 나의 곤고함을 보지 않게 하옵소서 여호와께서 모세에게 이르시되 이스라엘 노인 중 백성의 장로와 유사 되는 줄을 네가 아는 자 칠십인을 모아 데리고 회막 내 앞에 이르러 거기서 너와 함께 서게 하라 내가 강림하여 거기서 너와 말하고 네게 임한 신을 그들에게도 임하게 하리니 그들이 너와 함께 백성의 짐을 담당하고 너 혼자지지 아니하리라 또 백성에게 이르기를 너희 몸을 거룩히 하여 내일 고기 먹기를 기다리라 너희가 울며 이르기를 누가 우리에게 고기를 주어 먹게 할꼬 애굽에 있을 때가 우리에게 재미있었다 하는 말이 여호와께 들렸으므로 여호와께서 너희에게 고기를 주어 먹게 하실 것이라 하루나 이틀이나 닷새나 열흘이나 이십일만 먹을 뿐 아니라 코에서 넘쳐서 싫어하기까지 일개월 간을 먹게 하시리니 이는 너희가 너희 중에 거하시는 여호와를 멸시하고 그 앞에서 울며 이르기를 우리가 어찌하여 애굽에서 나왔던고 함이라 하라 모세가 가로되 나와 함께 있는 이 백성의 보행자가 육십만 명이온데 주의 말씀이 일개월간 고기를 주어 먹게 하겠다 하시오니 그들을 위하여 양떼와 소떼를 잡은들 족하오며 바다의 모든 고기를 모은들 족하오리이까 여호와께서 모세에게 이르시되 여호와의 손이 짧아졌느냐 네가 이제 내 말이 네게 응하는 여부를 보리라"(민 11:11~23).

위의 말씀을 읽어 보면 그 당시 모세가 중한 책임으로 얼마나 힘들어 했는지 능히 짐작할 수 있다. 300만 명이나 되는 사람들의 원망을 감당해야 했던 모세를 생각하면 그의 심정을 능히 헤아릴 수 있을 것이다. 창조주 하나님이 함께하시지 않았으면 제아무리 훌륭한 지도자라도 이 일을 감당할 수 없었을 것이다. 하나님은 신 광야에서 내렸던 메추라기를 한 달간 다시 내리신다. 메추라기는 내렸지만 고기가 아직 이 사이에 있을 때 큰 재앙을 받아 많은 사람들이 죽는다.

그들은 다시 기브롯 핫다아와를 떠나 하세롯에 진을 친다. 하세롯에서 모세는 구스 여자를 취하는데 아론과 미리암이 이를 비난하였고, 미리암은 하나님에게 징계를 받아 문둥병이 걸린다. 미리암은 징계를 받아 7일 동안 진 밖에서 거하고, 그동안 이스라엘은 하세롯에 머문다. 모세가 하나님에게 기도하자 하나님은 7일 만에 미리암을 고쳐 주신다.

이스라엘은 하세롯을 떠나 드디어 바란 광야에 도착한다(민 12:16). 이스라엘 민족이 가데스에 도착한 날짜와 그 여정에 대해서는 성경에 정확히 기록되어 있지 않다. 성경에는 제2년 2월 20일에 시내 광야를 출발하여(민 12:16) 제40년 11월 1일에 모압 평지에 도착했으며(신 1:3), 가데스에서 세렛 시내를 건너기까지 38년이 걸렸다고만 기록하였다(신 2:14). 그러나 호렙산(시내 산)에서 세일산(Seir)을 지나 가데스 바네아까지 11일이면 갈 수 있는 거리라고 했기 때문에(신 1:2), 가데스 바네아까지 오는 동안 여러 가지 사건을 겪었더라도 2개월을 넘지 않았을 것이다.

이들은 시내 광야를 출발하여 기브롯 핫다아와와 하세롯을 거쳐 릿마에 진을 쳤다고 하는데(민 33:16-18), 릿마가 민수기 12장에서 말하는 바란 광야를 의미하는지는 명확하지 않다(민 12:16). 또한, 민수기 33장에 기록된 여정으로도 호렙산(시내 산)에서 가데스 바네아까지 그들이 걸었던 길을 확인할 수 없다(민 33:18-37). 다만 신명기 1장의 기록을 볼 때, 그들은 호렙산을 출발하여 에시온게벨 인근에서 세일산(아라바길)을 걷다가 와디를 따라 바란 광야를 거쳐, 거기서 가데스 바데아에 들어섰던 것으로 보인다(신 1:2).

가데스는 바란 광야 가데스라고 기록되었다(민 13:26). 그러나 킹제임스 성경을 보면 'unto the wilderness of Paran, to Kadesh'라고 기록하여, 가나안을 정탐했던 40명의 정탐꾼들이 그들이 처음 떠났던 바란 광야로 돌아왔고, 가데스로 왔다고 말한다. 이는 정탐꾼을 보냈을 때 이스라엘은 바란 광야에 있었으나, 40일이 지났을 때 이스라엘 민족은 바란 광야에서 얼마 떨어지지 않은 가데스로 이동했기 때문인 것으로 보인다. 따라서 가데스 바네아는 신(Zin) 광야에 있었다(민 20:1, 27:14, 33:36; 신 32:51). 또한 성경에서 바란 광야와 신(Zin) 광야에 대한 내용을 모두 살펴볼 때 신 광야는 이스라엘 남쪽 사해와 지중해 사이의 광범위한 지역이고, 세일산 서쪽 지역을 바란 광야로 부른다는 것을 알 수 있다. 지금도 사해 남쪽, 세일산 서쪽 네게브(Negev) 사막을 바란 광야(Paran Desert)라고 부른다.

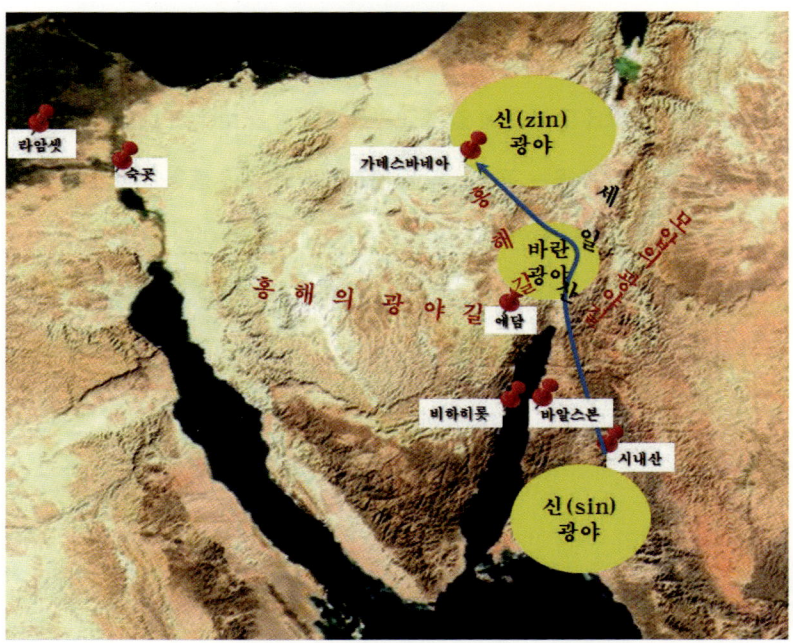

시내 광야에서 가데스 바네아까지

가데스 바네아에서의 원망

"그 후에 백성이 하세롯에서 진행하여 바란 광야에서 진을 치니라 여호와께서 모세에게 일러 가라사대 사람을 보내어 내가 이스라엘 자손에게 주는 가나안 땅을 탐지하게 하되 그 종족의 각 지파 중에서 족장 된 자 한 사람씩 보내라 모세가 여호와의 명을 좇아 바란 광야에서 그들을 보내었으니 그들은 다 이스라엘 자손의 두령 된 사람이라"(민 12:16~13:3).

드디어 이스라엘 민족은 바란 광야에 이르러 가나안 입성을 준비한다. 그리하여 가나안 땅을 정복하기 위해 바란 광야에서 각 지파의 족장 된 사람 12명을 선발하여 가나안 땅에 정탐꾼으로 보낸다(민 13:1~24). 하나님은 곧바로 이스라엘 민족을 가나안으로 들여보내려 하셨다. 사실상 하나님이 이스라엘 민족을 광야로 인도하신 목적은 이미 시내 산에 11개월간 머무르면서 다 이루셨다. 그들은 그곳에서 성별되었으며, 율법도 받았고, 전술 기동 훈련도 마쳐 하나님의 통치를 받을 수 있는 모든 제도적인 정비와 군대의 편제까지 완비된 상태였다.

그래서 모세는 바란 광야에서 각 지파 중 한 사람씩 택하여 가나안으로 정탐꾼을 보낸다. 그들이 40일간 가나안 땅을 두루 돌아 정탐한 땅은 남방의 신(Zin) 광야, 헤브론에서부터 북쪽의 하맛 어귀에 이르는 아주 넓은 지역이다. 하맛은 지금도 하마스로 불리며, 다메섹(다마스커스)보다 훨씬 북쪽에 위치한 도시이다. 그들은 정탐한 후 에스골 골짜기에서 포도송이 하나를 막대기에 꿰어 두 사람이 메고 와 이스라엘 회중 앞에서 보여주며 절망적인 보고를 한다. 그때의 보고 내용을 듣고 이스라엘이 취한 행동이 민수기 14장에 생생하게 기록되어 있다.

"온 회중이 소리를 높여 부르짖으며 밤새도록 백성이 곡하였더라 이스라엘 자손이 다 모세와 아론을 원망하며 온 회중이 그들에게 이르되 우리가 애굽 땅에서 죽었거나 이 광야에서 죽었더면 좋았을 것을 어찌하여 여호와가 우리를 그 땅으로 인도하여 칼에 망하게 하려 하는고 우리 처자가 사로잡히리니 애굽으로 돌아가는 것이 낫지 아니하랴 이에 서로 말하되 우리가 한 장관을 세우고 애굽으로 돌아가자 하매 모세와 아론이 이스라엘 자손의 온 회중 앞에서 엎드린지라 그 땅을 탐지한 자 중 눈의 아들 여호수아와 여분네의 아들 갈렙이 그 옷을 찢고 이스라엘 자손의 온 회중에게 일러 가로되 우리가 두루 다니며 탐지한 땅은 심히 아름다운 땅이라 여호와께서 우리를 기뻐하시면 우리를 그 땅으로 인도하여 들이시고 그 땅을 우리에게 주시리라 이는 과연 젖과 꿀이 흐르는 땅이니라 오직 여호와를 거역하지 말라 또 그 땅 백성을 두려워하지 말라 그들은 우리 밥이라 그들의 보호자는 그들에게서 떠났고 여호와는 우리와 함께 하시느니라 그들을 두려워 말라 하나 온 회중이 그들을 돌로 치려 하는 동시에 여호와의 영광이 회막에서 이스라엘 모든 자손에게 나타나시니라 여호와께서 모세에게 이르시되 이 백성이 어느 때까지 나를 멸시하겠느냐 내가 그들 중에 모든 이적을 행한 것도 생각하지 아니하고 어느 때까지 나를 믿지 않겠느냐 내가 전염병으로 그들을 쳐서 멸하고 너로 그들보다 크고 강한 나라를 이루게 하리라 모세가 여호와께 여짜오되 애굽인 중에서 주의 능력으로 이 백성을 인도하여 내셨거늘 그리하시면 그들이 듣고 이 땅 거민에게 고하리이다 주 여호와께서 이 백성 중에 계심을 그들도 들었으니 곧 주 여호와께서 대면하여 보이시며 주의 구름이 그들 위에 섰으며 주께서 낮에는 구름 기둥 가운데서, 밤에는 불기둥 가운데서 그들 앞에서 행하시는 것이니이다 이제 주께서 이 백성을 한 사람 같이 죽이시면 주의 명성을 들은 열국이 말하여 이르기를 여호와가 이 백성에게 주기로 맹세한 땅에 인도할 능이 없는 고로 광야에서 죽였다 하리이다 이제 구하옵나니 이미 말씀하신 대로 주의 큰 권능을 나타내옵소서 이르시기를 여호와는 노하기를 더디하고 인자가 많아 죄악과 과실을 사하나 형벌 받을 자는 결단코 사하지 아니하고 아비의 죄악을 자식에게 갚아 삼사대까지 이르게 하리라 하셨나이다 구하옵나니 주의 인자의 광대하심을 따라 이 백성의 죄악을 사하시되 애굽에서부터 지금까지 이 백성을 사하신 것같이 사하옵소서 여호와께서 가라사대 내가 네 말대로 사하노라 그러나 진실로 나의 사는 것과 여호와의 영광이 온 세계에 충만할 것으로 맹세하노니 나의 영광과 애굽과 광야에서 행한 나의 이적을 보고도 이같이 열 번이나 나를 시험하고 내 목소리를 청종치 아니한 그 사람들은 내가 그 조상들에게 맹세한 땅을 결단코 보지 못할 것이요 또 나를 멸시하는 사람은 하나라도 그것을 보지 못하리라 오직 내 종 갈렙은 그 마음이 그들과 달라서 나를 온전히 좇았은즉 그의 갔던 땅으로 내가 그를 인도하여 들이리니 그 자손이 그 땅을 차지하리라 아말렉인과 가나안인이 골짜기에 거하나니 너희는 내일 돌이켜 홍해 길로 하여 광야로 들어갈지니라 여호와께서 모세와 아론에게 일러 가라사대 나를 원망하는 이 악한 회중을 내가 어느 때까지 참으랴 이스라엘 자손이 나를 향하여 원망하는바 그 원망하는 말을 내가 들었노라 그들에게 이르기를 여호와의 말씀에 나의 삶을 가리켜 맹세하노라 너희 말이 내 귀에 들린 대로 내가 너희에게 행하리니 너희 시체가 이 광야에 엎드러질 것이라 너희 이십세 이상으로 계수함을 받은 자 곧 나를 원망한 자의 전부가 여분네의 아들 갈렙과 눈의 아들 여호수아 외에는 내가 맹세하여 너희로 거하게 하리라 한 땅에 결단코 들어가지 못하리라 너희가 사로잡히겠다고 말하던 너희의 유아들은 내가 인도하여 들이리니 그들은 너희가 싫어하던 땅을 보려니와 너희 시체는 이 광야에 엎드러질 것이요 너희 자녀들은 너희의 패역한 죄를 지고 너희의 시체가 광야에서 소멸되기까지 사십 년을 광야에서 유리하는 자가 되리라 너희가 그 땅을 탐지한 날수 사십 일의 하루를 일 년으로 환산하여 그 사십 년간 너희가 너희의 죄악을 질지니 너희가 나의 싫어 버림을 알리라 하셨다 하라 나 여호와가 말하였거니와 모여 나를 거역하는 이 악한 온 회중에게 내가 단정코 이같이 행하리니 그들이 이 광야에서 소멸되어 거기서 죽으리라"(민 14:1~35).

이들이 지금 무어라고 말하는가! 이들의 원망은 먹을 것을 달라고 칭얼대는 수준을 넘어섰다. 모세 말고 다른 지도자를 세워서 다시 애굽으로 돌아가겠다고 말한다. 지금까지 하나님이 하신 일들을 원점으로 돌리려는 것이다. 유월절 장자의 죽음, 홍해의 기적을 통해 애굽 사람을 죽이고 이스라엘을 이곳까지 이끌어 왔는데, 하나님의 그 모든 행사를 없던 것으로 만들어 버리려는 것이다. 하나님은 이때도 결코 이스라엘을 사하지 않으시려 했다. 그러나 모세는 이스라엘 백성을 위해 40주야 동안 금식하면서 하나님 앞에 간절히 기도하여(신 9:25) 하나님의 마음을 돌리는 데 성공한다.

신명기 9장을 보면, 모세는 광야 40년 동안 40일 금식을 세 번이나 했다. 그 세 번의 금식이 모두 이스라엘 민족이 하나님에게 불순종했을 때였다. 하나님의 용서는 바로 40일간에 걸친 모세의 금식기도 덕분에 확증된 것이었다.

하나님은 이스라엘의 죄를 사하셨지만, 시내 광야에서 계수함을 입은 사람 중에 여호수아와 갈렙 외에 20세 이상 된 모든 사람이 광야에서 죽음을 맞이할 것이라고 선언하신다[시내 광야에서 20세 이상으로 계수함을 받지 않은 레위 지파(민 1:47~49)는 광야의 죽음과 무관했다]. 그리고 아말렉인과 가나안인이 골짜기에 거하기 때문에 내일 돌이켜 홍해길로 하여 광야로 들어가라고 명하신다. 모세가 이 말을 이스라엘에게 고했을 때 모든 백성이 크게 슬퍼하면서 하나님이 처음 말씀하신 대로 순종하겠다고 하고, 아말렉인과 가나안인을 대하여 전쟁을 치른다. 그들은 하나님의 말씀을 따르는 것처럼 보였지만, 아말렉인과 가나안인에 대한 전쟁도 하나님께 순종하지 않은 것이었다. 그리하여 그들은 전쟁에 패하여 호르마까지 쫓겨난다. 결국 모세는 이스라엘 민족을 이끌고 하나님이 명하신 대로 홍해길을 걸어 광야로 들어간다(신 2:1) 킹제임스 성경을 보면 하나님이 모세에게 말씀하셨던 것처럼 되돌아 홍해길을 걸어 광야로 여행했고, 그리고 여러 날 세일산을 돌아다녔다고 했다("Then we turned, and took our journey

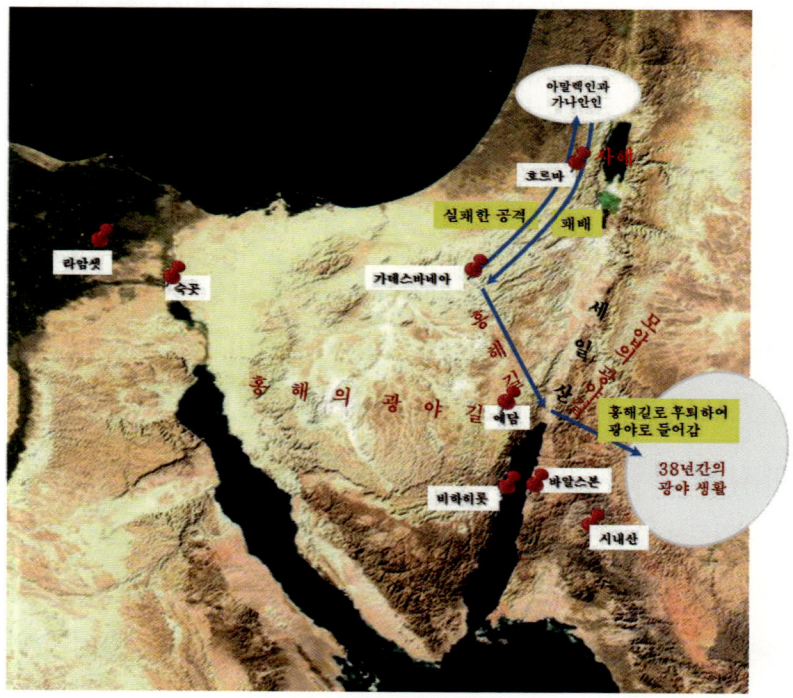

실패한 가나안 입성

into the wilderness by the way of the Red sea, as the LORD spake unto me: and we compassed mount Seir many days.").

'홍해길'(the way of the Red sea)은 '홍해의 광야길'(the way of the wilderness of the Red Sea)과 다르며, 성경에 기록되어 이스라엘의 여정을 추적할 수 있게 하였다(민 14:25, 21:4; 신 1:40, 2:1). 위의 말씀들을 종합해 보면 홍해길은 엘랏에서 가데스 바네아로 향하는 척박한 도로로 보인다. 세일 산지를 따라가는 길은 아라바라 부르기도 하였고(신 1:7, 2:8), 에시온게벨에서 모압 땅으로 향하는 길을 '모압의 광야길'(the way of the wilderness of Moab, 신 2:8)이라 불렀다.

잃어버린 삼십팔 년

"여호와께서 내게 이르시되 너는 그들에게 이르기를 너희는 올라가지 말라 싸우지도 말라 내가 너희 중에 있지 아니하니 너희가 대적에게 패할까 하노라 하셨다 하라 하시기로 내가 너희에게 고하였으나 너희가 듣지 아니하고 여호와의 명을 거역하고 천자히 산지로 올라가매 그 산지에 거하는 아모리 족속이 너희를 마주 나와서 벌떼같이 너희를 쫓아 세일산에서 쳐서 호르마까지 미친지라 너희가 돌아와서 여호와 앞에서 통곡하나 여호와께서 너희의 소리를 듣지 아니하시며 너희에게 귀를 기울이지 아니하셨으므로 너희가 가데스에 여러 날 동안 거하였었나니 곧 너희가 그곳에 거하던 날 수대로니라 우리가 회정하여 여호와께서 내게 명하신 대로 홍해 길로 광야에 들어가서 여러 날 동안 세일산을 두루 행하더니"(신 1:42~2:1).

가데스 바네아에서 곧장 가나안으로의 입성을 준비했던 그들은 하나님에게 대한 불신앙으로 인해 광야를 유리하게 된다. 앞서 살펴본 대로 그들은 아말렉과 가나안인들에게 쫓겨 다시 가데스에 여러 날 거하였다. 그들이 그곳에 거한 날 수대로 거했다고 기록한 것 때문에 사람들은 가데스에서 38년간 머물렀다고 생각할 수 있으나, 킹제임스 성경에는 그들이 가데스에 머물렀던 기간만큼 다시 머물렀다고 말씀하고 있다["So ye(you) abode(stayed) in Kadesh many days,

이스라엘이 방황했을 것으로 추정되는 광야

잃어버린 삼십팔 년

according unto the days that ye(you) abode(stayed) there"(신 1:46)]. 그리고 그들은 회정하여 홍해길로 해서 다시 광야로 갔으며(신 2:1), 가데스 바네아에서 하나님에게 불순종한 사건으로 인해 계수함을 받은 사람 중 여호수아와 갈렙을 제외하고 20세가 넘은 사람들이 모두 죽음을 맞이할 때까지 38년 동안 광야를 떠돌아야 했다.

홍해길로 하여 다시 광야로 들어온 그들이 거했던 곳은 지금의 사우디아라비아의 꾸레이야 지역에서부터 와디 아쉬라프, 와디 아타나 지역에 이르는 광대한 지역으로 보인다. 광야 38년의 삶이 성경에는 전혀 기록되어 있지 않으나 이 지역에서 출토되는 여러 가지 유적을 볼 때 이들은 이 지역에서 삶을 이어 갔던 것 같다.

광야에서의 삶이 얼마나 팍팍했는지는 민수기 16장의 기록에서 찾아볼 수 있다. 이 내용을 보면 고라와 다단과 아비람과 온이 당을 짓고 이스라엘 총회의 족장 250명과 합세하여 모세를 대적한다. 모세가 다단과 아비람을 부르러 보내자 그들은 모세에게 이렇게 대답한다.

"우리는 올라가지 않겠노라 네가 우리를 젖과 꿀이 흐르는 땅에서 이끌어 내어 광야에서 죽이려 함이 어찌 작은 일이기에 오히려 스스로 우리 위에 왕이 되려 하느냐 이뿐 아니라 네가 우리를 젖과 꿀이 흐르는 땅으로 인도하여 들이지도 아니하고 밭도 포도원도 우리에게 기업으로 주지 아니하니 네가 이 사람들의 눈을 빼려

느냐 우리는 올라가지 아니하겠노라"(민 16:12~14).

이렇게 말하는 그들의 말 속에는 비장함이 숨어 있다. 비록 그들은 종으로 살았지만, 나일강 삼각주에 있는 고센 땅은 정말 젖과 꿀이 흐르는 땅이었다. 그들의 말 속에 광야에서의 삶이 얼마나 힘들고 팍팍했나 하는 것이 여실히 나타난다. 모세는 이들이 살았던 광야에 대하여, 후일 모압 평지에서 "광대하고 위험한 광야, 곧 불뱀과 전갈이 있고, 물이 없는 건조한 땅"(신 8:15)이라고 말한다. 이 말씀만 가지고 별로 실감하지 못할 것이다. 그러나 이 땅은 과거 이스라엘 민족이 애굽을 탈출하여 40년간 살았고, 그 뒤로 현재까지 베두인족들이 장막을 치면서 아주 극빈자 생활을 근근이 이어가고 있는 막막한 광야라는 사실을 알면 그들의 삶이 어떠했나 하는 것이 조금은 이해가 될 것이다. 그들은 그곳에서 40년을 살았다.

모세가 얼마나 심히 노했는가 하는 것은 다음 말씀에서 확인할 수 있다.

"모세가 심히 노하여 여호와께 여짜오되 주는 그들의 예물을 돌아보지 마옵소서 나는 그들의 한 나귀도 취하지 아니하였고 그들의 한 사람도 해하지 아니하였나이다 하고 이에 고라에게 이르되 너와 너의 온 무리는 아론과 함께 내일 여호와 앞으로 나아오되 너희는 각기 향로를 잡고 그 위에 향을 두고 각 사람이 그 향로를 여호와 앞으로 가져오라 향로는 모두 이백오십이라 너와 아론도 각각 향로를 가지고 올지니라 그들이 각기 향로를 취하여 불을 담고 향을 그 위에 두고 모세와 아론으로 더불어 회막문에 서니라 고라가 온 회중을 회막문에 모아 놓고 그 두 사람을 대적하려 하매 여호와의 영광이 온 회중에게 나타나시니라 여호와께서 모세와 아론에게 일러 가라사대 너희는 이 회중에게서 떠나라 내가 순식간에 그들을 멸하려 하노라 그 두 사람이 엎드려 가로되 하나님이여 모든 육체의 생명의 하나님이여 한 사람이 범죄하였거늘 온 회중에게 진노하시나이까 여호와께서 모세에게 일러 가라사대 회중에게 명하여 이르기를 너희는 고라와 다단과 아비람의 장막 사면에서 떠나라 하라"(민 16:15~24).

결국 그들은 모세와 하나님을 대적함으로 인해 모두 죽음을 맞이한다. 비록 하나님을 거역하여 죽음을 맞았지만, 이 사건을 통해 이들이 얼마나 힘들고 소망 없는 삶을 살았나 하는 것을 알 수 있다. 차라리 죽기를 원했던 것이다.

와디 아쉬라프, 와디 아타나 지역에 거주하는 베두인족들은 지금도 이 지역을 야후드(유대인)가 출애굽하여 거주했던 지역이라고 이야기한다. 이곳이 유대인들이 거주했던 지역이라는 증거는 널리 퍼

만나를 찧었던 돌절구

져 있는 유적으로도 확인할 수 있다. 이곳에는 만나를 찧었던 돌절구들이 흩어져 있으며, 성막기물 중 하나인 메노라(등대)를 그린 암각화를 발견할 수 있다.

이스라엘 민족은 만나를 거두어 맷돌에 갈기도 하고 절구에 찧기도 하고 가마에 삶기도 하여 과자를 만들었는데(민 11:8), 발견된 유적들은 광야 생활의 결정적 증거가 된다. 또한 메노라를 그린 암각화는 이들이 이스라엘 민족이었음을 증명한다.

와디 아타나 지역이 삶의 흔적이 남아 있는 곳이라면, 꾸레이야 지역은 죽음의 흔적이 남아 있는 곳이다. 꾸레이야에는 수 킬로미터에 걸쳐 무덤이 흩어져 있는데, 차를 타고 1시간을 넘게 달려도 그 끝을 알 수 없을 정도로 흩어져 있는 무덤들은 말없이 하나님의 위엄을 증언하고 있다. 무덤은 모랫바닥에 구덩이를 파고 시체를 묻은 후 양 옆과 위에 돌판을 덮은 다음 모래로 덮은 형태여서, 멀리서

잃어버린 삼십팔 년

출애굽 1세대의 것으로 추정되는 무덤

보면 무덤이 있다는 것을 쉽게 알아볼 수 없다. 꾸레이야 지역은 광야 지역으로 과거부터 현재까지 베두인족이 간간이 유목 생활을 하고 있으니 이 거대한 무덤들의 주인은 자연히 출애굽 1세대의 것일 수밖에 없다. 현재 많은 무덤들이 파헤쳐져 방치되어 있는데, 인근에 살고 있는 베두인족들이 출애굽한 이스라엘 민족이 가지고 나왔다는 보물이 함께 매장되어 있지 않았을까 하는 추측에서 무덤들을 파헤친다고 한다.

잃어버린 38년 동안에 일어난 사건 중 성경에는 고라와 다단과 온에 의한 사건과 모세와 아론을 원망하다가 염병이 돌아 14,700명이 죽임을 당한 것만 기록되어 있다(민 16:49). 그러나 비록 성경의 기록에는 빠져 있지만, 그들은 소망 없는 삶을 살며 끊임없이 죽고 괴로워했을 것이다. 여인들과 레위 지파를 제외한 계수된 군인 60만 명이 38년(13,870일) 동안 죽었으면 하루 평균 44명꼴로 죽었다 (민 26:63~65; 신 2:14~16). 여기에 계수되지 않은 레위 지파와 여인들까지 포함하면 매일같이 100여 명의 사람들이 죽은 것이다. 그들의 삶은 지긋지긋했을 것이다.

　그들이 이 지역에 머무른 것은 유물로도 확인이 가능하나, 성경

38년간의 광야 생활

에서도 그들이 홍해길로 회정하여 광야에 들어갔고(신 2:1), 다시 에시온게벨을 거쳐 가데스에 진을 쳤다고 말하고 있어, 그들이 이곳에서 38년의 세월을 보냈다는 것을 암시한다(민 33:35~36). 현재 와디 아타나, 꾸레이야 지역은 사우디아라비아 왕명에 의해 고고학 지역으로 지정되어 출입을 통제한다.

가데스 바네아에서 모압 평지까지

"이제 너희는 일어나서 세렛 시내를 건너가라 하시기로 우리가 세렛 시내를 건넜으니 가데스 바네아에서 떠나 세렛 시내를 건너기까지 삼십팔 년 동안이라 이때에는 그 세대의 모든 군인들이 여호와께서 그들에게 맹세하신 대로 진중에서 다 멸절되었나니 여호와께서 손으로 그들을 치사 진중에서 멸하신 고로 필경은 다 멸절되었느니라 모든 군인이 사망하여 백성 중에서 진멸된 후에 여호와께서 내게 일러 가라사대 네가 오늘 모압 변경 아르를 지나리니"(신 2:13~18).

이스라엘 민족은 38년 동안 광야를 두루 방황하다가 에시온게벨(아카바)를 거쳐 제40년 1월에 다시 신 광야 가데스에 도착한다. 가데스는 가나안으로 들어가는 전초 기지 역할을 하는 장소였다. 민수기 33장에는 이스라엘 민족이 걸었던 광야길이 언급되어 있지만, 현재의 지명으로 그 장소를 모두 확인할 방법은 없다.

여기서 미리암은 죽음을 맞이하고, 가데스-므리바 사건이 발생한다. 이스라엘의 원망 앞에 모세의 인내심은 한계에 이르렀고, 급기야 하나님 앞에 불순종하는 모습을 보인다.

모세는 광야에서 두 번 반석을 쳤다. 첫 번째가 시내 산에 들어가기 전 르비딤에서 반석을 쳐서 물을 낸 사건이고, 두 번째가 가나안으로 떠나기 전 가데스에서 반석을 쳐서 물을 낸 사건이다. 그런데, 하나님이 두 번째 물을 내실 때는 반석에게 명하여 물을 내라고 했는데, 모세는 분노를 이기지 못하고 반석을 쳐서 물을 내었다. 하나님은 모세의 불순종에 대하여 노하셨고, 그로 인해 가나안으로 입성하지 못할 것이라고 선언하셨다.

반석은 예수 그리스도를 상징한다(고전 10:1~4). 반석이 두 번 등장하는 것은 초림과 재림을 의미한다. 첫 번째는 반석을 치라 하셨는데, 이것은 초림 때 고난당하신 그리스도에 비유된다. 고난받으신 예수 그리스도께서 나타나시면 성령님(물)도 나타나신다. 이럴 때면 육신(아말렉)도 어김없이 나타나 자신의 권리를 주장한다. 그렇지만 모세가 손을 들어 기도했을 때 아말렉을 이겼듯이, 우리가 치르는 영적 전쟁도 기도로 함께하시는 예수 그리스도가 있을 때 승리할 수 있는 것이다. 그래서 하나님은 아말렉과의 전쟁에서 승리한 뒤 다음과 같이 말씀하셨다.

"이것을 책에 기록하여 기념하게 하고 여호수아의 귀에 외워 들리라 내가 아말렉을 도말하여 천하에서 기억함이 없게 하리라"(출 17:14).

즉 하나님은 첫 번째 반석 사건을 예수 그리스도의 초림과 영적 구원으로 비유하신다. 그래서 아말렉과의 전쟁에 대해서도 책에 기록하여 기념하라 했으며, 여호수아의 귀에 되풀이하여 들려주라고 말씀하셨다.

두 번째 사건의 경우에는 반석을 치라 하지 않고 단지 반석에게 명하여 물을 내라고 하셨으나, 모세는 분을 이기지 못해 반석을 친다. 두 번째 등장하는 반석이신 예수 그리스도는 재림 때 위대한 왕으로 오시기 때문에 더 이상 고난과 박해를 당하시지 않아야 한다. 그래서 반석에서 두 번째로 물을 낸 사건이 있은 뒤로 이스라엘은 빠르게 가나안 땅을 향해 나아갔던 것이다.

하나님은 이러한 커다란 비밀과 계획을 가지고 계셨는데, 모세의 행동으로 그러한 하나님의 계획이 틀어져 버렸다. 그랬기 때문에 사람들이 생각하기에 사소한 것일 수 있는 사건에 대하여, 하나님은 용서하지 않고 모세에게 가나안에 들어갈 수 없다고 선언하신 것이다.

모세는 정말 가나안에 들어가 살고 싶었다. 미디안 광야 이드로의 집에서 40년, 그리고 출애굽하여 미디안 광야, 시내 광야, 바란 광야 등에서 또다시 40년을 보낸 그는 젖과 꿀이 흐르는 약속의 땅에 가 보는 것이 정말 평생의 소원이었을 것이다. 80년의 삶은 오직 가나안 입성을 위한 삶이었는데, 그 앞에서 바라만 보고 죽음을 맞이하는 것은 참을 수 없는 슬픔이었다. 모세가 그 얼마나 가나안 땅에 간절히 가고 싶었나 하는 것은 다음의 말씀으로 확인할 수 있다.

"주 여호와여 주께서 주의 크심과 주의 권능을 주의 종에게 나타내시기를 시작하셨사오니 천지간에 무슨 신이 능히 주의 행하신 일 곧 주의 큰 능력으로 행하신 일 같이 행할 수 있으리이까 구하옵나니 나로 건너가게 하사 요단 저편에 있는 아름다운 땅, 아름다운 산과 레바논을 보게 하옵소서"(신 3:24~25).

그러나 하나님은 "그만해도 족하니 이 일로 다시 내게 말하지 말라"(신 3:26)고 단호하게 말씀하신다.

가데스를 떠난 이스라엘은 제40년 5월 1일에 호르산에 이르고, 아론은 아들 엘리아살에게 제사장직을 물려주고 호르산 꼭대기에서 죽는다. 그의 나이 123세였다. 이스라엘은 아론의 죽음을 위해 30일을 애곡한다.

이스라엘은 가데스를 떠난 후 남방 가나안 사람 아랏의 왕과 첫 번째 전쟁을 하여 승리한다. 그 뒤 그들은 왕의 대로로 가기 위해 에돔 땅으로 지나가게 해 달라고 요청하지만 에돔 왕이 이를 허락하지 아니한다. 그리하여 홍해길을 따라 내려와 다시 엘랏과 에시온게벨을 지나 모압 광야길을 따라 걸어감으로 인해 마음이 무척 상하여 다음과 같이 불평한다.

> "어찌하여 우리를 애굽에서 인도하여 올려서 이 광야에서 죽게 하는고 이곳에는 식물도 없고 물도 없도다 우리 마음이 이 박한 식물을 싫어하노라"(민 21:5).

그들은 하나님이 광야에서 자기들을 멸망시키려고 애굽에서 이끌어내셨다고 푸념했고, 식물도 물도 없다고 불평하면서 만나를 '이 박한 식물'(민 21:5)이라고 역겨워했다. 이 얼마나 악하고 배은망덕한 일인지! 그들은 이렇게 하나님의 기적적인 공급을 무가치하고 볼품없고 지긋지긋한 것으로 여겼다. 이에 하나님은 그 원망에 대하여 불뱀으로 심판하셨고, 괴로워하는 그들을 위해 모세는 놋뱀을 만들어 장대에 달아 뱀에게 물린 자마다 놋뱀을 쳐다보게 하여 살려 준다.

이렇게 불평만 늘어놓는 그들을 문제 있는 백성이라 생각하겠지만, 그들의 여정을 살펴보면 그 이유를 충분히 이해할 수 있다. 그들은 당연히 가데스에서 호르산을 거쳐 에돔 땅을 가로질러 나아가야 했다. 그런데 에돔 왕이 그 길을 막았을 뿐 아니라, 하나님도 허락하시지 않았다. 그로 인해 그들은 다시 홍해길로 남하하여 엘랏과 에시온게벨을 지나 에돔 경내를 통과하지 않기 위해 모압 광야길을 돌아 북상해야 했다(민 21:4, 33:41~44; 신 2:8). 지름길을 두고 먼 길을 돌아가는데 짜증을 내지 않는 것이 이상할 것이다.

현재 모압 광야길을 와디 시르한(Wadi Sirhan)이라 부르는데, 지금도 계곡 곳곳에는 독사들과 코브라 그리고 흑사들이 득실거려, 한 걸음 내디딜 때마다 막대기로 주변 덤불을 내리치면서 걸어야 한다. 그래서 베두인족들은 신이 허락한 자만이 이 사막을 건널 수 있다고 말한다.

이스라엘은 부논에서 비로소 왕의 대로로 접어들었고, 사해 옆 아르논 건너편에서 진을 치고 다시 북상하여 비스가산까지 이른다. 그리고 아모리 왕 시혼에게 다시 왕의 대로를 열어 줄 것을 요청하지만, 아모리 왕 시혼이 왕의 대로를 열어 주지 않을 뿐 아니라 광야 야하스에 이르러 이스라엘을 치므로 그들과 싸워 땅을 차지한다. 그리고 계속 북진하여 갈릴리 동편에 위치한 바산 왕 옥과도 전쟁을 하여 헤르몬산(헬몬산)까지 차지한다(신 4:46~48).

이스라엘은 다시 남쪽으로 내려와 여리고 맞은편 모압 평지 싯딤에 진을 치고 가나안 입성을 준비한다. 가나안 땅에 들어가기 위해 마지막 점검을 하는 중에 큰 사건이 발생하는데, 모압 왕 발락이 발람을 시켜 이스라엘을 저주하게 한 사건이었다. 발락은 그들이 자기 땅을 통과하는 것을 두려워했는데, 그 큰 민족이 자기 땅을 조용히 지나가지 않을 것이라는 생각 때문이었다. 그래서 많은 재물로 발람을 꾀어 이스라엘을 저주토록 하지만 하나님은 이를 허락하시지 않았다. 결국 발람이 이스라엘을 축복하고 자기의 길로 돌아가자, 발락은 전략을 바꿔 모압 여자들을 이스라엘의 청년들에게 접근시킨다. 이스라엘은 싯딤에 머물면서 모압 여자들과 음행하여 24,000명이 염병으로 죽게 된다. 하나님의 재앙을 끊은 것은 제사장 엘르아살의 아들 비느하스였다. 그는 음행을 한 시므온 지파의 시므리와 미디안 족장 수르의 딸 고스비를 창으로 찔러 하나님의 노를 그치게 했다.

이 일 후에 이스라엘은 본격적으로 가나안으로 들어갈 채비를 한다. 제사장 엘르아살을 통해 계수한 이스라엘 민족의 숫자는 20세 이상의 남자만 601,730명(민 26:51, 시내 광야에서 처음 조사한 인구는 603,550명)이었다. 그러나 늙은 노인이라 할지라도 60세를 넘지 않았을 것이기 때문에 인구의 구성비는 애굽을 탈출했을 때보다 훨씬 젊어졌다.

모세는 모압 평지에서 출애굽 2세대를 향하여 다시 한번 율법을 반포한다. 성경은 율법을 반포한 때가 제40년 11월 1일이라고 기록하고 있다(신 1:3~4). 요단을 건넜을 때가 제41년 1월 10일(수 4:19)이었으므로 율법 반포를 마친 뒤에도 그들은 약 2개월간 모압 평지에 있었다.

가나안으로 들어가기 전 모세는 미디안과 마지막 전투를 치른다. 그리하여 미디안의 다섯 왕인 에위와 레겜과 수르와 후르와 레바를 죽이며, 더불어 브올의 아들 발람도 죽인다.

르우벤 자손과 갓 자손은 가축의 떼가 많아 모세에게 요단 동편의 땅에 거주하겠다고 간청한다. 그들은 여자와 자녀들이 평안히 거할 수 있도록 한 후에 남은 이스라엘 자손과 함께 가나안 정복 전쟁에 참여하여 다른 지파들이 기업을 얻기까지 집으로 돌아오지 않겠다고 맹세한다. 모세는 두 지파 외에 므낫세 지파 중 마길과 야일의 자손(므낫세 반 지파)에게도 요단 동편 바산 왕 옥으로부터 빼앗은 땅을 분배한다. 유다 지파인 헤스론이 나이 60세에 므낫세 지파 마길의 딸에게 장가들어 스굽을 낳고, 스굽이 낳은 자식이 야일이었다. 따라서 야일은 유다 지파였으나, 므낫세 지파의 두령 마길에게 속하여 므낫세 지파의 유업을 이었다.

모세는 싯딤 골짜기 뒤편 비스가산에 올라 멀리 요단 강 건너편 가나안 땅을 바라보고 내려와 모압 땅에서 죽음을 맞이한다. 모세가 죽을 때 나이 120세였으나, 그 눈이 흐리지 않았고 기력이 쇠하지 않았다. 그는 모압 땅 벧브올 맞은편 모압 땅에 있는 골짜기에 장사되었다.

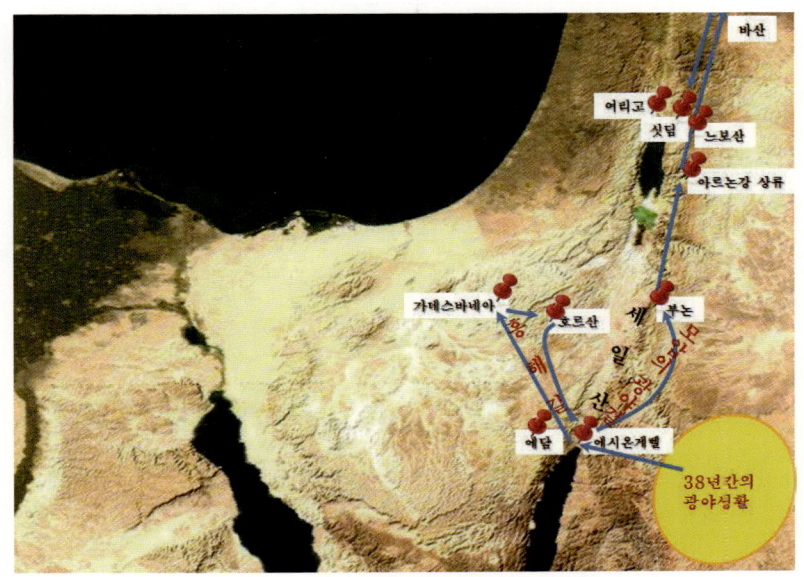

가데스 바네아에서 모압 평지까지

광야 40년간 이스라엘 민족의 20세 이상 남자 인구수 변화

지파명	시내 광야 (제2년 2월 1일)	모압 평지 (제40년 11월 1일)	차 이
르우벤	46,500	43,730	-2,770
시므온	59,300	22,200	-37,100
유다	74,600	76,500	+1,900
단	62,700	64,400	+1,700

납달리	53,400	45,400	−8,000
갓	45,650	40,500	−5,150
아셀	41,500	53,400	+11,900
잇사갈	54,400	64,300	+9,900
스불론	57,400	60,500	+3,100
므낫세	32,200	52,700	+20,500
에브라임	40,500	32,500	−8,000
베냐민	35,400	45,600	+10,200
합 계	603,550	601,730	−1,820
레위(1개월 이상 된 남자)	22,000	23,000	+1,000

약속의 땅, 가나안

"네가 들어가 얻으려 하는 땅은 네가 나온 애굽 땅과 같지 아니하니 거기서는 너희가 파종한 후에 발로 물 대기를 채소밭에 댐과 같이 하였거니와 너희가 건너가서 얻을 땅은 산과 골짜기가 있어서 하늘에서 내리는 비를 흡수하는 땅이요 네 하나님 여호와께서 권고하시는 땅이라 세초부터 세말까지 네 하나님 여호와의 눈이 항상 그 위에 있느니라 내가 오늘날 너희에게 명하는 나의 명령을 너희가 만일 청종하고 너희의 하나님 여호와를 사랑하여 마음을 다하고 성품을 다하여 섬기면 여호와께서 너희 땅에 이른비, 늦은비를 적당한 때에 내리시리니 너희가 곡식과 포도주와 기름을 얻을 것이요 또 육축을 위하여 들에 풀이 나게 하시리니 네가 먹고 배부를 것이라 너희는 스스로 삼가라 두렵건대 마음에 미혹하여 돌이겨 다른 신들을 섬기며 그것에게 절하므로 여호와께서 너희에게 진노하사 하늘을 닫아 비를 내리지 아니하여 땅으로 소산을 내지 않게 하시므로 너희가 여호와의 주신 아름다운 땅에서 속히 멸망할까 하노라"(신 11:10~17).

모세가 죽은 후 이스라엘 민족은 여호수아의 인도하에 요단 강을 건넌다. 그날이 제41년 1월 10일이었다. 유월절 어린양을 예비한 제1년 1월 10일부터 그들은 정확히 40년간 광야에 있었다. 그들은 길갈에 이르러 모두 할례를 행하고 낫기를 기다린 후 여리고로 향한다.

모세 이후의 이야기는 이 글의 주제와 연관이 없기 때문에 생략하고자 한다. 다만, 이야기를 끝내기 전에 약속의 땅, 젖과 꿀이 흐르는 가나안 땅에 대해 생각해 보겠다.

많은 성도들은 가나안 땅에 대해 이야기할 때 젖과 꿀이 흐르는 복된 땅이라고 생각한다. 그러나 모세가 모압 평지에서 가나안 땅에 대하여 했던 말씀을 읽어 보면 결코 젖과 꿀이 흐르는 땅이 아니라 참 기막힌 땅이라는 것을 알 수 있다. 오히려 젖과 꿀이 흐르는 땅은 발로 물 대기를 채소밭에 댐과 같이 물이 풍부했던 나일강 삼각주의 고센 땅이었다. 소돔과 고모라가 멸망하기 전 그 땅이 여호와의 동산 같고 애굽 땅과 같았다고 한 것처럼(창 13:10), 애굽 땅이 정말로 물 많고 기름진 땅이었다. 하나님은 힘들여 들어간 가나안 땅에 대해서도 결코 모든 것을 다 준비하여 주시지 않을 것이라고 하며, 가나안 땅에 들어가서도 하나님에게 순종하여야만 복을 받을 수 있다고 말씀하신다.

가나안 땅을 이해하기 위해서는 이스라엘의 기후에 대해 생각해 봐야 한다. 이스라엘의 기후는 비가 아주 중요한 역할을 한다. 비가 내리는 시기에 따라 이른비, 겨울비, 늦은비 세 시기로 구분되는데, 이른비는 겨울철 시작기인 10~11월경에 내린다. 그 양은 여름 동안 극도로 건조해진 땅에 물기를 뿌려 주는 정도이다. 이른비로 인하여 여름에 말랐던 땅은 부드러워지고, 농부들은 땅을 기경하여 파종할 수 있게 된다. 따라서 이스라엘에서는 이른비가 적당한 시기에 내려야 제때에 파종할 수 있다. 사막이나 광야 지역에도 이른비가 내림으로 목축을 위한 초지가 형성되기 때문에 이른비는 유목민들에게도 매우 중요하였다.

장맛비 또는 겨울비는 12월에서 2월 사이에 본격적으로 내린다. 1년 중에 내리는 강우량의 대부분이 이 기간에 내리며, 때때로 천둥과 번개를 동반한 소낙비가 내려 계곡에는 갑작스럽게 급류가 흐른다. 이처럼 장마 때 1년 강우량의 대부분을 쏟아 내기 때문에 고대 이스라엘은 장맛비를 방수가 잘 되어 있는 저수조에 모아 여름철 가뭄을 대비하였다.

봄비라고도 명명되는 늦은비는 3~4월경에 내린다. 늦은비는 겨울 동안 자란 농작물의 마지막 결실을 충실하게 만드는 역할을 한다. 따라서 늦은비는 곡식의 결실에 절대적으로 필요하여 이스라엘 사람들은 늦은비를 복된 단비라 불렀다.

강우량은 지역별로 다른데, 중앙 산지는 다른 지역보다 많은 비가 집중적으로 내린다. 산간 지역에 내리는 대부분의 겨울철 빗물은 석회암층을 침투하여 땅 깊은 곳에 형성된 지하수층으로 내려가며, 이러한 지하수들은 곳곳에서 샘을 이루어 땅 위로 분출한다. 이스라엘에서의 강우량과 비가 내리는 날수는 남쪽보다 북쪽으로 갈수록 많아진다. 또 산지에서의 강우량은 사막에 인접한 동편 기슭보다 바다에 인접한 서편 기슭이 언제나 많다. 그리고 물의 증발 정도는 태양에 더 많이 노출되어 있는 남쪽에서 더 크다. 이 세 가지 요소를 종합하여 볼 때, 이스라엘에서의 서쪽 지역과 북쪽 지역이 남쪽 지역과 동쪽 지역보다 강우량이 많고 농작물 재배에도 적합하다.

가나안 땅의 이러한 기후는 이처럼 지형적인 특성에 의해 결정된 것이었다. 즉 이스라엘 땅은 지중해와 인접한 지중해성 기후와 아라비아사막의 아열대성 기후가 서로 혼재한 형태로 하나님이 이스라엘을 다루시는 방안에 맞게끔 설계된 땅이었다. 그래서 그전에도 아브라함이나 이삭이 가나안에 기근이 들었을 때 애굽으로 가거나 가기를 시도했던 것처럼 애굽과 가나안은 이러한 기후적인 차이가 있었다.

이처럼 가나안 땅은 지금도 하나님의 계시와 일치하는 기후를 가지고 있으며, 이스라엘 민족이 하나님 말씀에 순종했을 경우에는 위의 말씀대로 이른비, 늦은비가 적당한 때에 내려 젖과 꿀이 흐르는 땅으로 남아 있었지만, 하나님 말씀에 불순종했을 때는 하늘이 닫혀 비를 내리지 아니하여 땅이 소산을 내지 않았다. 실제로 이스라엘이 음란과 죄악으로 땅을 더럽혔을 때 단비가 그쳤고, 늦은비가 없어졌다(렘 3:2~3).

두 번째로 생각해 볼 것은 왜 이스라엘로 그렇게 힘든 광야길을 가게 했느냐 하는 것이다.

이스라엘 민족을 미디안 광야에서 40년간 방황하게 하지 말고 그냥 가나안으로 보내고, 가나안 백성도 바로 멸망시키실 수도 있었을 것이다. 만약 엄청난 하나님의 능력으로 그냥 애굽 군대를 광야에서 죽이고 가나안 사람을 모두 멸망시킨 후, 이스라엘 민족을 공중으로 들어 올려 가나안으로 보냈으면, 그들이 나의 훌륭하신 하나님이라고 찬양하며 믿고 따랐을까? 우리는 로또나 복권에 당첨된 사람들의 말로에 대해 잘 알고 있다. 우리 인간이란 그런 존재들이기 때문에 하나님이 이스라엘 민족을 공중으로 들어 올리시어 아무런 고난 없이 가나안 땅으로 보냈더라도 절대 감사하지 않았을 것이며, 하나님을 믿고 따르지도 않았을 것이다.

또한, 사람들은 하나님이 그 옛날처럼 홍해를 가르시고, 구름 기둥과 불기둥으로 인도하실 뿐 아니라, 광야에서 만나와 메추라기를 먹이셨던 것처럼, 지금 나에게도 그렇게 임재하시기를 원한다. 이스라엘 민족에게 나타나셨던 것처럼 지금 내게도 보여주시면 나는 그들처럼 배반하지 않고 열심으로 따를 것이라고 장담한다. 그러나 이스라엘 민족도 그 모든 이적을 체험했지만, 힘든 광야 생활을 견디지 못했다. 힘든 광야 생활 가운데 자신의 믿음을 지켰던 사람은 겨우 모세와 아론, 여호수아, 갈렙, 엘르아살, 이다말, 비느하스 등 극히 일부분의 사람뿐이었다.

하나님은 인간만 제외하고 세상 모든 만물을 로봇으로 만드셨다. 이 세상이 창조된 이래 만유인력의 법칙은 단 한 번도 변한 적이 없고, 식물은 광합성을 하여 산소를 생산하며, 사자는 풀을 뜯지 않는다. 큰뒷부리도요새는 2,000m 높이에서 10,000km의 거리를 평균 시속 56km로 6~7일 동안 한 번도 쉬지 않고 날아간다. 그래서 그들은 목적지에 도착하면 뼈와 가죽만 남는다고 한다. 동물들은 번식기 이외에는 절대로 교미를 하지 않는다. 교미가 종족 보존의 목적을 벗어나지 않기 때문에 과부거미와 사마귀 수컷은 교미 중에 암컷에게 잡아먹힌다. 이 모든 것에는 거의 예외가 없다. 이처럼 자연계는 하나님이 만들어 놓으신 그 법칙을 벗어나지 않는다.

하나님도 스스로 정한 법칙을 거의 어기지 않고 대부분 그 법칙

안에서 움직이셨다. 물론 출애굽 때 행한 기적이나, 떡 5개와 물고기 2마리로 5천 명을 먹이신 것처럼 아주 예외적으로 법칙을 어기신 적은 있었다. 그러나 그런 것들은 하나님의 영광을 위해 부득이 행하신 것들이었다. 그런 것들은 다른 피조물을 위해 행하신 기적이 아니라 오직 사랑하는 인간을 위해서만 행하신 것들이었다. 그래서 하나님의 기적을 맛본 사람들에게는 더 엄격하셨다.

하나님은 인간에게도 자유의지로 질서를 갖추고 하나님을 섬기기를 원하신다. 이스라엘에게 시내 광야에서 성막과 제사법을 가르치고, 지파별로 질서정연하게 진영을 갖추고, 은나팔을 만들도록 한 것은, 자신이 질서의 하나님이기 때문에 인간도 스스로 질서를 갖추고 하나님을 섬기기를 원하셨던 것이다. 최초의 사람인 아담과 하와에게 선과 악의 지식 나무 열매를 허락하신 것도 자유의지로 하나님을 섬기기를 원하셨기 때문이었다.

그러나 인간은 하나님이 주신 자유의지를 창조주의 섭리에 따르지 않고 마음대로 사용하였다. 인간은 번식을 위해 짝을 찾지 않으며, 섹스 그 자체만을 목적으로 살아가기도 한다. 뭐든지 잘 먹는다는 돼지도 위장의 80%가 차면 더 이상 음식을 먹지 않고, 사자들은 배가 부르면 아무리 자기 옆으로 초식동물이 다가와도 살생을 하지 않는데, 사람들은 먹는 것을 탐하고, 오락을 위해 사냥을 즐긴다. 사람들은 창조주 하나님이 이루어 놓으신 법칙들을 발견하고, 그것을 이용할 줄도 안다. 그래서 비행기도 만들고, 지구를 벗어나 우주로 나갈 수 있는 능력도 갖추었다. 그러나 사람들은 그 모든 것들이 자신들의 지혜 때문이라고 자만하고 있다.

인간이란 존재는 자유의지를 이용하여 그렇게 창조주의 섭리에서 벗어나 사탄을 따르고자 하는 죄성이 있기 때문에, 자유의지가 있는 이스라엘 민족 역시 광야의 시험 없이 쉽게 가나안에 들어갔더라도 결코 하나님에게 감사드리거나 순종하지 않았을 것이다. 그래서 하나님은 신명기에서 이같이 말씀하셨다.

"네 하나님 여호와께서 이 사십 년 동안에 너로 광야의 길을 걷게 하신 것을 기억하라 이는 너를 낮추시며 너를 시험하사 네 마음이 어떠한지 그 명령을 지키는지 아니 지키는지 알려 하심이라 너를 낮추시며 너로 주리게 하시며 또 너도 알지 못하며 네 열조도 알지 못하던 만나를 네게 먹이신 것은 사람이 떡으로만 사는 것이 아니요 여호와의 입에서 나오는 모든 말씀으로 사는 줄을 너로 알게 하려 하심이니라 이 사십 년 동안에 네 의복이 해어지지 아니하였고 네 발이 부르지 아니하였느니라 너는 사람이 그 아들을 징계함 같이 네 하나님 여호와께서 너를 징계하시는 줄 마음에 생각하고 네 하나님 여호와의 명령을 지켜 그 도를 행하며 그를 경외할지니라"(신 8:2~6).

안타까운 점은, 사우디아라비아 정부에서 유대인의 출애굽 경로를 고고학 지역으로 지정한 후 왕명으로 출입을 금지시켜, 완벽한 자료를 파악하는 데 어려움이 있다는 것이다. 이드로의 집터, 시내 산 주변 지역, 르비딤 지역, 와디 아타나, 꾸레이야 지역은 철조망으로 철저히 통제하고 있으며, 이곳을 지키는 군인들은 허가 없이 출입하는 자를 내국인과 외국인을 가리지 않고 왕명에 의해 사살할 수 있는 권한도 가지고 있다. 그것뿐만 아니라 이곳은 지금도 사람이 살 수 없는 황량한 광야로, 이스라엘 민족의 출애굽 이후로 사람들이 정착하여 살지 못해 과거의 지명이 모두 사라져 버렸다. 그래서 성경의 지명과 대조할 수 없는 것 역시 자료 복원을 어렵게 한다.

 이스라엘은 세상 마지막 때에 다시 이곳에서 하나님의 보호를 받을 것이다(계 12:14). 그리하여 그들은 성도들과 함께 시내 산으로 강림하시는 예수님(신 33:2)을 따라 왕의 대로를 타고 북진하여(사 11:16) 예루살렘으로 입성할 것이며, 그때를 위하여 3,500년 전에 이스라엘이 머물렀던 시내 광야는 하나님의 섭리로 여전히 비밀 가운데 싸여 있을 것이다.

다시 유월절을 생각하며

"모세가 백성에게 이르되 너희는 애굽에서 곧 종 되었던 집에서 나온 그날을 기념하여 유교병을 먹지 말라 여호와께서 그 손의 권능으로 너희를 그곳에서 인도하여 내셨음이니라 아빕월 이날에 너희가 나왔으니 여호와께서 너를 인도하여 가나안 사람과 헷 사람과 아모리 사람과 히위 사람과 여부스 사람의 땅 곧 네게 주시려고 네 조상들에게 맹세하신바 젖과 꿀이 흐르는 땅에 이르게 하시거든 너는 이달에 이 예식을 지켜 칠 일 동안 무교병을 먹고 제 칠일에는 여호와께 절기를 지키라 칠 일 동안에는 무교병을 먹고 유교병을 너희 곳에 있게 하지 말며 네 지경 안에서 누룩을 네게 보이지도 말게 하며 너는 그날에 네 아들에게 뵈어 이르기를 이 예식은 내가 애굽에서 나올 때에 여호와께서 나를 위하여 행하신 일을 인함이라 하고 이것으로 네 손의 기호와 네 미간의 표를 삼고 여호와의 율법으로 네 입에 있게 하라 이는 여호와께서 능하신 손으로 너를 애굽에서 인도하여 내셨음이니 연년이 기한에 이르러 이 규례를 지킬지니라 여호와께서 너와 네 조상에게 맹세하신 대로 너를 가나안 사람의 땅에 인도하시고 그 땅을 네게 주시거든 너는 무릇 초태생과 네게 있는 생축의 초태생을 다 구별하여 여호와께 돌리라 수컷은 여호와의 것이니라 나귀의 첫새끼는 다 어린양으로 대속할 것이요 그렇게 아니하려면 그 목을 꺾을 것이며 너의 아들 중 모든 장자 된 자는 다 대속할지니라 장래에 네 아들이 네게 묻기를 이것이 어찜이냐 하거든 너는 그에게 이르기를 여호와께서 그 손의 권능으로 우리를 애굽에서 곧 종이 되었던 집에서 인도하여 내실새 그 때에 바로가 강퍅하여 우리를 보내지 아니하매 여호와께서 애굽 나라 가운데 처음 낳은 것을 사람의 장자로부터 생축의 처음 낳은 것까지 다 죽이신 고로 초태생의 수컷은 다 여호와께 희생으로 드리고 우리 장자는 다 대속하나니 이것으로 네 손의 기호와 네 미간의 표를 삼으라 여호와께서 그 손의 권능으로 우리를 애굽에서 인도하여 내셨음이니라 할지니라"(출 13:3~16).

지금까지 이스라엘의 출애굽 여정을 살펴보면서 하나님이 직접

관여하시고 인도하셨던 손길을 느낄 수 있었다. 그런데 출애굽을 말할 때는 항상 유월절이 먼저 언급된다. 유월절은 이스라엘에게는 아주 특별한 의미를 가진 절기이다. 이제 출애굽 이후에 이스라엘이 어떻게 유월절을 지켰는지 상고하면서, 그 절기가 왜 그리스도인에게도 중요한지 살펴보고자 한다.

하나님은 이스라엘에게 해마다 기한에 이르러 이 규례를 지킬 것을 명하셨다(출 13:10). 그러나 성경을 읽어 보면 그들이 제대로 유월절을 지킨 것이 열 손가락에 꼽을 정도로 적었음을 알 수 있다.

그들은 출애굽 이후 시내 산에서 두 번째 유월절을 맞이하여 모세의 인도하에 유월절을 정확히 지킨다(민 9:1~14). 그때 하나님은 유월절을 지키지 아니하는 자는 그 백성 중에서 끊쳐지리라고 다시 한 번 경고하신다. 만약 사람이 시체로 인하여 부정케 되거나 여행 중이어서 정한 날에 유월절을 지킬 수 없을 때는, 부득이 한 달을 연기하여 2월 14일에라도 그 절기를 지킬 것을 명하여 절대로 여호와의 유월절은 그냥 지나치지 말라고 명령하셨다(민 9:10~13).

그러나 안타깝게도 이스라엘은 광야 생활 중 첫해만 빼고, 나머지 39년의 세월 동안 유월절을 전혀 지키지 않았다. 혹자는 성경에 기록되지 않았을 뿐 모세가 살아 있었기 때문에 유월절만큼은 지켰을 거라고 주장할 수도 있다. '다른 것은 몰라도 설마 유월절이야 지켰겠지, 그럴 리 없다'라고 생각할 것이다. 그러나 모세는 불평불만

이 가득한 백성을 추슬러 광야 생활을 영위하는 것만으로도 그 짐이 벅찼다. 성경도 그들이 유월절을 지키지 않았다고 증거한다.

하나님은 반드시 먼저 할례를 행한 후에야 유월절을 먹을 수 있다고 말씀하셨다(출 12:48~49). 이스라엘 가운데 거한 외국인을 위하여 이 말씀을 하셨지만, 그 말씀 말미에 본토인이나 이방인에게 똑같이 적용하라 하셨다. 그러나 그들은 광야 여정 동안 유대인으로서 당연히 해야 하는 할례를 행하지 않았다(수 5:4~5). 따라서 그들은 성경에 기록된 규례대로 유월절을 지킬 수 없었다.

그들은 여호수아의 인도 아래 요단을 건너 길갈에서 할례를 행하고 낫기를 기다린 후 여리고 평지에 이르러 비로소 정성껏 유월절을 지킨다. 유월절을 지키기 위해서는 반드시 할례를 행해야 했기 때문에 먼저 할례를 행했던 것이다. 이것이 이스라엘이 세 번째로 지킨 유월절이었다(수 5:2~12). 아마도 가나안에 처음 발을 들여놓은 후 몸과 마음을 정결하게 하고 새롭게 다짐하기 위해 정성껏 지켰을 것이다.

그리고 이스라엘 민족이 또다시 유월절을 거룩하게 지켰다는 기록을 한동안 찾아볼 수 없다. 주의 장막이 실로에 있었고, 민족적인 커다란 행사를 이곳에서 행했기 때문에, 마음만 먹으면 유월절을 지킬 수 있었을 것이라고 생각하기 쉽다. 그러나 여호수아는 불평투성이인 이스라엘을 이끌고 가나안 정복 전쟁을 치르느라 정신이 없었다. 실제로 여호수아서를 읽어 보면 여호수아와 갈렙 외에는 하나님의 능력을 힘입어 굳건하게 정복 전쟁의 선봉에 섰던 사람은 아무도 없었다. 따라서 그들이 유월절을 지킨다는 것은 언감생심(焉敢生心)이었다.

그럼 사사 시대는 어떠했을까? 성경은 그 시대에 대하여 "그때에는 이스라엘에 왕이 없으므로 사람마다 자기 소견에 옳은 대로 행하였더라"(삿 17:6, 21:25)라고 정의하고 있다. 따라서 그들은 유월절을 지킬 만한 자질과 능력이 없었다. 그리고 사무엘, 사울, 다윗, 솔로몬으로 이어지는 시대에도 성경에 기록된 대로 유월절은 지켜지지 않았다.

여기까지 오면 사람들은 다시 한번 의문을 갖는다. 정말 위에서 열거한 모든 왕들도 유월절을 지키지 않았단 말인가? 왜냐하면 솔로몬은 성전을 건축한 후에 모세의 율법에 기록된 대로 모든 절기를 지켰다고 했기 때문이다.

"솔로몬이 여호와를 위하여 쌓은 단 위에 해마다 세 번씩 번제와 감사제를 드리고 또 여호와 앞에 있는 단에 분향하니라"(왕상 9:25).

"솔로몬이 낭실 앞에 쌓은 여호와의 단 위에 여호와께 번제를 드리되 모세의 명을 좇아 매일에 합의한 대로 안식일과 월삭과 정한 절기 곧 일 년의 세 절기 무교절과 칠칠절과 초막절에 드렸더라"(대하 8:12~13).

그러나 성경은 "선지자 사무엘 이후로 이스라엘 가운데서 유월절을 이같이 지키지 못하였고 이스라엘 열왕도 요시야가 제사장들과 레위 사람들과 모인 온 유다와 이스라엘 무리와 예루살렘 거민과 함께 지킨 것처럼은 유월절을 지키지 못하였더라"(대하 35:18)라고 말씀한다. 하나의 성경에서 이처럼 상반된 내용이 기록되어 있다. 이 말씀의 속뜻은, 이스라엘이 유월절을 지켰는지는 모르겠으나 율법의 규례에 따라 지킨 것은 아니라는 것이다. 사무엘 이후라고 했던 것은 사울의 때부터, 즉 이스라엘 왕국이 성립된 때부터라는 의미로 쓰인 것이지, 사무엘이 성경의 규례대로 유월절을 지켰다는 의미로 쓰인 것은 아니었다. 사무엘은 훌륭한 지도자였지만 이스라엘 전체를 장악하지 못했다. 그 당시 입다가 요단 동편을, 삼손이 이스라엘 남단을 다스렸기에, 율법의 규례에 따라 유월절을 완벽하게 지킬 수 없었다. 다른 성경에도 이렇게 기록되어 있는 것을 볼 수 있다.

"사사가 이스라엘을 다스리던 시대부터 이스라엘 열왕의 시대에든지 유다 열왕의 시대에든지 이렇게 유월절을 지킨 일이 없었더니 요시야 왕 십팔 년에 예루살렘에서 여호와 앞에 이 유월절을 지켰더라"(왕하 23:22~23).

따라서 다윗과 솔로몬이 유월절을 지켰던 것은(대상 23:31; 대하 2:4, 8:13) 모세의 율법에 따라 제사로 지킨 것이며(민 10:10), 모든 사람을 성회로 모으는 온전한 유월절이 아니었다.

이스라엘은 히스기야 때 이르러 네 번째 유월절을 지키게 된다(대하 30장). 역대하 29장부터 읽어 보면, 그는 원년 정월부터 성전을 깨끗케 하고 하나님을 전심으로 섬기기로 작정한다(역대하 29장에서 원년이라 한 것은 아하스와의 공동 통치를 벗어나 단독 통치를 시작한 때였기 때문이다). 그리고 그때까지 분향했던 모세의 놋뱀도 부숴 버린다. 그는 전심으로 유월절을 지키려 하는데, 성전을 깨끗하게 준비하느라 1월을 넘긴다. 또한 유월절을 지킬 마땅한 제사장 수도 부족하여 더욱이 일이 어려워진다. 그래도 그는 유월절을 지키기 위해 브엘세바에서 단까지 온 유다와 이스라엘에 파발을 띄운다. 그 당시 북왕국 이스라엘은 마지막 왕 호세아가 다스리다가 앗수르에 멸망당한 직후였다. 많은 사람들이 보발꾼을 비웃었지만, 그래도 아셀과 므낫세와 스불론 중 몇 사람이 유월절을 지키러 예루살렘으로 온다. 그리고 2월 15일에야 유월절을 대대적으로 지키는데, 여호수아가 길갈에서 유월절을 지킨 후 실로 800년 만에 지키는 유월절이었다. 오랫동안 하나님을 떠나 있던 사람들에게 이것은 커다란 기쁨이었다.

역대하 30장을 읽노라면 히스기야가 유월절을 지키기 위해 얼마나 하나님과 마음을 합하고자 노심초사(勞心焦思)했는지가 느껴져 감동이 되고, 눈물이 난다. 아버지와의 공동 통치를 끝내고 단독으로 왕위에 오르자마자 가장 먼저 이 일을 준비하고 서두르고 또 서둘렀는데, 그 일정에 마치지 못했을 때에 왕의 심정이 참으로 답답했을 것이라 생각한다. 더구나 북왕국이 앗수르에 멸망하여 더더욱 유월절을 지키는 것이 절실했기에, 멸망한 북왕국 이스라엘에까지 파발을 띄워 함께 여호와의 명절을 지키자고 외쳤을 왕의 간절한 모습이 눈에 선히 보이는 듯하다. 그렇게 서둘렀는데도 하나님이 정하신 날짜에 온전히 유월절을 지키지 못한다.

민수기 9장을 보면, 사람이 여행 중에 있거나 시체로 인하여 부정케 되었을 때에만 2월 15일에 유월절을 지키도록 허락하셨다. 히스기야가 성전을 깨끗하게 하느라 일정을 지체한 것도 있었지만, 유월절에 참여하기 위해 오는 북이스라엘의 백성들도 앗수르와의 전쟁으로 인하여 온 국가가 초토화되어 일정에 맞추어 예루살렘에 도착할 수 없었을 것이다. 이때 북이스라엘로부터 온 많은 사람들이 시체로 인하여 부정한 상태에서 유월절 양을 먹어 병에 걸린다(대하 30:18).

율법에 따르면, 시체나 무덤을 만진 자가 성안으로 들어올 때, 대

제사장은 흠 없고 멍에 메지 아니한 붉은 암송아지를 성 밖에서 잡아 태운 재를 성 밖에 두어 그 잿물을 우슬초에 묻혀 뿌리는 정결례 의식을 치러야 했다(민 19장). 특별히 거룩한 명절을 지키러 예루살렘으로 들어올 때는 반드시 지켰는데, 당시 앗수르에 멸망한 이스라엘 땅에는 사방으로 무덤들이 널려 있었기 때문에 예루살렘에서 명절을 지키기 위해서는 반드시 필요한 절차였다. 그런데 이때는 붉은 암송아지를 준비할 여력이 없었는지, 레위 사람들이 모든 부정한 사람들을 위하여 유월절 양을 잡아 저희로 여호와 앞에 성결케 하였으나, 북이스라엘로부터 온 많은 무리가 이마저도 행하지 않고 유월절 양을 먹었던 것이다. 히스기야는 그 마음만 받아 달라고 간절히 기도하였고, 하나님은 왕의 중심을 보시고 그 마음을 선히 여겨 백성들을 치유하신다(대하 30:17~18).

그런 히스기야였지만, 그가 다시 유월절을 지켰다는 기록이 없다. 그가 하나님에게 대한 간절한 마음이 있었기 때문에 최소한 그의 재임 기간만큼은 해마다 지켰을 것이라 생각하기 쉽다. 그러나 앞에서 살펴봤듯이 유월절은 지켜지지 않았다(대하 35:18).

그러다가 요시야 18년에 좌로나 우로나 치우치지 않고 정확하게 유월절을 지킨다(대하 35:1~19). 성경에 따르면 여호수아 이후 처음 율법대로 지킨 유월절이며, 통산 다섯 번째 유월절이다. 이때 요시야는 하나님의 언약궤를 다시는 성전 밖으로 메어 나가지 말라고 하여 언약궤도 처음으로 성전에 안착시켰다.

성경을 읽다 보면 지금의 상식으로는 도저히 이해할 수 없는 장면이 나오는데, 이스라엘 민족이 전쟁 때마다 언약궤를 들고 전쟁터에 나간 것이다. 그래서 사무엘 때 언약궤를 블레셋에게 빼앗겼고, 다윗 때에야 예루살렘으로 돌아왔다. 다윗도 역시 전쟁 때마다 언약궤를 들고 나가 전쟁을 치렀다고 기록되어 있다(삼하 11:11). 그런 언약궤가 비로소 요시야 18년에 이르러서야 성전에 영원히 안착하게 된다. 마치 히스기야가 모세의 놋뱀을 부숴 버린 것처럼 요시야는 전쟁터로 돌아다녔던 언약궤를 처음으로 성전에 안착시켜 우상화한 관습을 제거하였다.

그가 유월절을 지키게 된 것은 하나님에 대하여 간절함이 있어 재위 18년에 성전을 수리하면서부터였다. 그때 제사장 힐기야가 여호와의 전에서 모세의 율법책을 발견하여 서기관 사반에게 주었고, 사반은 그 책을 왕에게 준다. 사반이 왕 앞에서 율법책을 낭독했을 때 왕은 율법의 말씀을 듣고 자기 옷을 찢으며 회개하였고, 이스라엘과 유다가 여호와의 말씀을 준행하지 않아 하나님이 진노를 쏟았다고 말한다. 더불어 모든 사람 앞에서 율법을 읽게 하고 그대로 준행하도록 한다(대하 34장). 그리고 곧바로 시행한 것이 국가적으로 유월절을 지킨 것이었다.

스룹바벨과 바벨론 포로에서 돌아온 자들에 의해 여섯 번째로 유월절이 지켜진다(스 6:19-22). 이때 그들은 바사 왕 다리오 6년 아달월 3일에 성전 건축을 마무리하여 축성식을 한 후, 다음 달인 니산월 14일에 율법에 기록된 대로 유월절을 지켰다.

그러나 그 이후로 이스라엘 민족은 율법에 기록된 규례대로 유월절을 지키지 않았다. 왜냐하면 예수님이 탄생하셨을 때 그들이 지켰던 유월절은 율법에 기록된 규례와 사뭇 달랐기 때문이다. 그래서 요한복음에서는 이 유월절에 대해 여호와의 명절이라고 말하지 않고, 유대인의 명절 또는 유대인의 유월절이라고 말했다(요 2:13, 5:1, 6:4, 7:2, 11:55). 신약성경은 유월절에 대해 이것이 하나님의 명절이라고 한 군데도 언급하지 않았다. 그들은 열심히 유월절을 지켰겠지만, 이제 그 유월절은 더 이상 여호와의 유월절이 아니었다. 세월이 흐르면 세상의 유전이 끼어들기 마련이다. 하물며, 1,500년이 흐르는 동안 여섯 번밖에 지키지 않은 유월절에 세상의 유전이 끼어들지 않았을 리 없다.

하나님이 출애굽기 12~13장에서 명하신 유월절 식탁에는 불에 구운 어린양과 무교병과 쓴 나물이 있었다. 그러나 놀랍게도 예수님 당시 그들이 지켰던 유월절에는 더해진 것이 있었다. 그것은 포도주, 촛불, 달걀, 소금물, 채소, 곱게 간 사과였다. 또한 유대인들은 누룩에 대해서는 굉장히 예민하게 반응했다. 누룩을 없애라는 것은 거룩한 삶을 살라는 예표인데, 예수님 때에 와서는 그 본질이 변질된

채 습관적으로 그리고 형식적으로 지켰던 것이다.

예수님도 잡히시기 전에 유월절을 기념하신 것이 모든 복음서에 기록되어 있다. 예수님은 마지막으로 제자들과 유월절 먹기를 원하고 또 원하셨다(눅 22:14~20). 예수님은 "내가 포도나무에서 난 것을 이제부터 내 아버지의 나라에서 새 것으로 너희와 함께 마시는 날까지 마시지 아니하리라"(마 26:29)고 말씀하시며 이제까지 지켰던 유월절을 폐한다고 선언하셨다(포도주를 마시는 것이 그 당시 유월절의 중요한 의식 중 하나였다). 그것은 예수님이 친히 유월절 어린양이 되셨기 때문이었다(고전 5:7).

이로써 출애굽 때 어린양으로 이스라엘의 죽음을 대신했던 첫 번째 유월절을 기념하여 지킨 하나님의 유월절은, 하나님이신 예수님이 일곱 번째 유월절에 친히 자신의 몸으로 완성하고 폐하셨다. 그 덕분에 그리스도인은 더 이상 유월절을 지키지 않는 것이다.

대신 예수님이 모일 때마다 떡을 떼고 잔을 나누면서 자신을 기념하라고 하셨다. 무엇을 기념하는가? 주께서 우리를 위해 죽으시고, 부활하신 것을 기념하라는 것이다. 그래서 사도행전에 "주(週)의 첫날에 떡을 떼러 모일 때"(행 20:7)라는 표현이 나온다.

하나님이 이스라엘 민족을 향하여 왜 유월절을 기념하라고 하셨을까? 이날을 지키는 것에 대하여 "너는 그날에 네 아들에게 뵈어 이르기를 이 예식은 내가 애굽에서 나올 때에 여호와께서 나를 위하여 행하신 일을 인함이라"(출 13:8)라고 하여 자식에게 이것을 보여 가르치라 할 정도로 중요한 규례였다. 출애굽기 12장을 자세히 읽어 보면 유월절은 이스라엘의 구속을 기념한 것이며, 그러한 은혜를 베풀어 주신 하나님을 높이고 경배하기 위해 지켰다. 하나님은 죽은 자의 하나님이 아니라, 산 자의 하나님이시기 때문에 당연히 산 자의 경배를 받으셔야 했다.

신약 교회가 매주 첫날에 성찬을 행하는 이유는 무엇일까? 그것은 주께서 주의 첫날에 부활하셨기 때문이다. 주께서 친히 나의 죄를 위해 죽으시고, 그것을 보증하기 위해 부활하셔서 첫 열매가 되신 덕분에, 이를 기념하면서 예수 그리스도의 재림을 기다리고, 더불어 우리의 부활을 바라보는 것이다. 유월절이 구약 시대에 중요한 절기였다면, 신약 교회에서는 매 주일 모여 떡을 떼고 잔을 나누면서 행하는 예배를 더할 나위 없이 가장 우선시해야 하는 것이다.

사도 바울도, 성찬을 행하는 것이 주님이 어떤 분인지 알고 그 주님과 주께서 하신 일을 기념하는 것이며, 주께서 다시 오실 때까지 이를 행하여 주를 전하는 것이라고 하였다. 그리고 다음과 같이 항상 몸과 마음을 살핀 후 떡과 잔에 참여하라고 하였다.

"내가 너희에게 전한 것은 주께 받은 것이니 곧 주 예수께서 잡히시던 밤에 떡을 가지사 축사하시고 떼어 가라사대 이것은 너희를 위하는 내 몸이니 이것을 행하여 나를 기념하라 하시고 식후에 또한 이와 같이 잔을 가지시고 가라사대 이 잔은 내 피로 세운 새 언약이니 이것을 행하여 마실 때마다 나를 기념하라 하셨으니 너희가 이 떡을 먹으며 이 잔을 마실 때마다 주의 죽으심을 오실 때까지 전하는 것이니라 그러므로 누구든지 주의 떡이나 잔을 합당치 않게 먹고 마시는 자는 주의 몸과 피를 범하는 죄가 있느니라 사람이 자기를 살피고 그 후에야 이 떡을 먹고 이 잔을 마실지니 주의 몸을 분변치 못하고 먹고 마시는 자는 자기의 죄를 먹고 마시는 것이니라"(고전 11:23~29).

할 수만 있으면, 감사와 찬양과 경배드릴 것을 미리 준비하여 참석해야 한다. 이스라엘 민족이 일곱 번에 걸쳐 유월절을 지켰을 때(그것도 처음과 마지막은 하나님이 지키셨다)처럼 몸과 마음을 정결하게 하여야 할 것이다. 예수님도 유월절 음식을 잡수시기 전에 제자들의 발을 씻겨 정결하게 하셨다(요 13:1~20). 이미 구원을 받았기 때문에 일상의 죄를 돌아보라는 뜻으로만 그 의미를 한정할 것이 아니라, 그처럼 몸과 마음을 정결하게 한 후에 떡과 잔을 대해야 한다는 의미로도 받아들여야 한다.

유월절이 갖는 의미는 신약 교회에서 떡을 떼고 포도주를 나누는 성찬에 고스란히 그 정신이 남아 있다. 천지와 우주 만물을 창조하신 이가 성경을 통해 명령하신 것은 그대로 지켜야만 한다. 일요일에 떡을 떼고 잔을 나누며 예배하는 것이 하나님을 사랑하는 것의 전부는 아니지만, 첫 번째 의무인 것은 사실이다. 즉 마음을 다하고, 목숨을 다하고, 뜻을 다하여 주 너의 하나님을 사랑하라는 하나님의 계명을 지키는 가장 첫 번째 의무인 것이다. 성찬과 함께 행하는 예배는 우주 만물을 창조하신 분께서 친히 나무에 달려 죄악 가운데 죽을 수밖에 없는 나를 구원해 주신 것에 대하여 드리는 감사와 찬양과 경배이다.

마지막으로 언급하고 싶은 것은, 많은 교회에서 행하는 성찬식 절차에 관한 것이다. 최근에 많은 교회에서도 예수님이 명하신 성찬식을 행한다. 그러나 대다수의 교회가 신약성경에 기록된 모본을 따르는 것이 아니라, 가톨릭 교회의 유전을 따르고 있다. 유월절에 비하면 예수님이 그 절차를 많이도 간소화시키셨음에도 불구하고 신약성경에 기록된 대로 지키지 않는다.

솔로몬은 분명 유월절을 포함한 모든 절기를 지켰다(대하 8:12~13). 그러나 같은 성경에서 이스라엘 민족은 선지자 사무엘 때부터 요시야 때까지 율법에 기록된 규례대로 유월절을 지키지 않았다고 기록하였다(대하 35:18). 아무리 솔로몬이 성전을 건축하고 모든 절기를 지켰을지라도, 율법에 기록된 규례대로 지키지 않았기 때문에 성경은 온전한 형태로 유월절을 지킨 것이 아니라고 말하는 것이다. 요시야가 율법에 기록된 대로 지킬 수 있었던 것은 하나님의 성전에서 모세의 율법책을 찾아 읽었던 덕분에 가능했다(대하 34:14~33).

현대의 많은 교회 역시 신약성경에 기록된 대로 성찬식을 행하지 않고 가톨릭 교회의 유전에 따라 성찬식을 행한다. 지금 우리에게는 성경이 놓여 있다. 예수님 시대의 유대인들에게 유월절이 더 이상 여호와의 유월절이 아니라 유대인의 유월절이 되었듯이, 지금 우리에게도 예수 그리스도를 기념하는 성찬식이 아니라 하나의 습관이 되어 버린 것은 아닌지 생각해야 할 것이다.

다시 홍해 앞에 서서

"바로가 가까와 올 때에 이스라엘 자손이 눈을 들어 본즉 애굽 사람들이 자기 뒤에 미친지라 이스라엘 자손이 심히 두려워하여 여호와께 부르짖고 그들이 또 모세에게 이르되 애굽에 매장지가 없으므로 당신이 우리를 이끌어 내어 이 광야에서 죽게 하느뇨 어찌하여 당신이 우리를 애굽에서 이끌어내어 이같이 우리에게 하느뇨 우리가 애굽에서 당신에게 고한 말이 이것이 아니뇨 이르기를 우리를 버려 두라 우리가 애굽 사람을 섬길 것이라 하지 아니하더뇨 애굽 사람을 섬기는 것이 광야에서 죽는 것보다 낫겠노라 모세가 백성에게 이르되 너희는 두려워 말고 가만히 서서 여호와께서 오늘날 너희를 위하여 행하시는 구원을 보라 너희가 오늘 본 애굽 사람을 또 다시는 영원히 보지 못하리라 여호와께서 너희를 위하여 싸우시리니 너희는 가만히 있을지니라 여호와께서 모세에게 이르시되 너는 어찌하여 내게 부르짖느뇨 이스라엘 자손을 명하여 앞으로 나가게 하고 지팡이를 들고 손을 바다 위로 내밀어 그것으로 갈라지게 하라 이스라엘 자손이 바다 가운데 육지로 행하리라 내가 애굽 사람들의 마음을 강퍅케 할 것인즉 그들이 그 뒤를 따라 들어갈 것이라 내가 바로와 그 모든 군대와 그 병거와 마병을 인하여 영광을 얻으리니 내가 바로와 그 병거와 마병으로 인하여 영광을 얻을 때에야 애굽 사람들이 나를 여호와인 줄 알리라 하시더니 이스라엘 진 앞에 행하던 하나님의 사자가 옮겨 그 뒤로 행하매 구름 기둥도 앞에서 그 뒤로 옮겨 애굽 진과 이스라엘 진 사이에 이르러 서니 저 편은 구름과 흑암이 있고 이 편은 밤이 광명하므로 밤새도록 저 편이 이 편에 가까이 못하였더라 모세가 바다 위로 손을 내어민대 여호와께서 큰 동풍으로 밤새도록 바닷물을 물러가게 하시니 물이 갈라져 바다가 마른 땅이 된지라 이스라엘 자손이 바다 가운데 육지로 행하고 물은 그들의 좌우에 벽이 되니 애굽 사람들과 바로의 말들, 병거들과 그 마병들이 다 그 뒤를 쫓아 바다 가운데로 들어 오는지라"(출 14:10~23).

홍해 횡단은 그 자체만으로도 우리에게 충분한 교훈이 되지만, 이 속에는 하나님의 또 한 가지 커다란 비밀이 숨어 있다. 그 비밀은 이스라엘뿐만 아니라, 현시대를 살아가는 그리스도인이 반드시 깨달아야 하는 기본적인 교리이다. 홍해 횡단을 통한 교리적 비밀은 유월절과 성찬과의 관계만큼이나 우리에게 중요한 것이다.

이스라엘은 숙곳을 출발하여 밤낮을 쉬지 않고 빠르게 이동하여 6일 만에 바알스본 맞은편 비하히롯에 도착하여, 쫓아오는 애굽 군대를 뒤로하고 홍해와 마주한다. 비록 유월절을 통과하여 죽음에서 건짐을 받기는 했지만, 그들은 또다시 죽음 앞에 직면하게 되었다.

하나님은 왜 이들을 홍해 앞으로 인도하셨을까? 하나님은 "내가 바로와 그 모든 군대와 그 병거와 마병을 인하여 영광을 얻으리니 내가 바로와 그 병거와 마병으로 인하여 영광을 얻을 때에야 애굽 사람들이 나를 여호와인 줄 알리라"(출 14:17~18)라고 하시어 당신의 영광을 나타내시기 위함이라고 하셨다.

꼭 홍해 앞에서 영광을 받으셔야만 했을까? 단지 영광을 나타내시기 위함이라면 다른 방법도 많았을 텐데, 왜 홍해 앞까지 그들을 인도하셨을까?

홍해 앞에서 이스라엘이 할 수 있는 것은 아무것도 없었다. 그랬기에 그들의 공포는 말로 표현할 수 없었다. 그 공포는 모세를 향한 원망으로 쏟아졌다. 그것은 살려 달라는 절규였다. 그러한 그들을 향하여 모세는 하나님이 이스라엘을 위하여 싸우실 것이기 때문에 잠잠하라고 말하며, 모든 것을 내려놓고 오직 하나님만 의뢰할 것을 요청한다. 그들은 유월절을 통하여 이미 죽은 사람들이었다. 홍해 앞에서 그들은 다시 한번 자신들이 죽었다는 것을 확인하고, 하나님에게 자신들을 온전히 맡길 수밖에 없었다. 성경은 이때 그들이 민족적으로 침례를 받았다고 말씀하셨다.

"우리 조상들이 다 구름 아래 있고 바다 가운데로 지나며, 모세에게 속하여 다 구름과 바다에서 세례(침례)를 받고"(고전 10:1~2).

그들이 인식하든 인식하지 못하든, 그들은 양옆의 바다와 머리 위에 있는 구름을 통과하여 침례를 받았다. 그랬기 때문에 홍해 횡단을 기점으로 이스라엘은 더 이상 애굽과 상관이 없었다. 애굽은 세상을 상징하기에, 그들이 홍해를 건넜다는 것은 세상으로부터 분리되어 하나님의 것으로 성별되었다는 것을 보여준다. 그래서 세상을 상징하는 애굽 군대가 홍해에서 모두 죽어 다시는 볼 수 없었던 것이다. 그들은 유월절을 통과하여 민족적으로 구원을 받았고, 홍해를 건너면서 모세의 인도하에 세상과 분리하는 의식으로 침례를 받았다.

홍해를 건너 애굽과 분리된 이스라엘은 다음과 같이 하나님을 찬양한다.

"내가 여호와를 찬송하리니 그는 높고 영화로우심이요 말과 그 탄 자를 바다에 던지셨음이로다 여호와는 나의 힘이요 노래시며 나의 구원이시로다 그는 나의 하나님이시니 내가 그를 찬송할 것이요 내 아비의 하나님이시니 내가 그를 높이리로다 여호와는 용사시니 여호와는 그의 이름이시로다"(출 15:1~3).

이렇게 감사함으로 하나님에게 드린 찬양과 경배는, 구원받은 그리스도인이 감사함으로 행하는 예배를 상징한다. 침례에 순종한 자만이 성찬에 참예하고 예배할 수 있는 것과 같은 이치이다. 그러나 애석하게도 광야 40년의 세월 동안 이스라엘이 하나님을 찬양하고 경배한 때는 오직 홍해를 건넜을 때뿐이었다. 그들은 광야 생활 내내 불평 속에서 살았다. 광야의 삶이 결코 녹록하지 않기 때문에, 하나님은 그런 어려움 가운데서 그들이 오직 하나님만 의지하고 그 마음을 합하여 동행하기를 바라셨다. 여기에 그들을 광야의 고난 가운데로 인도하셨던 하나님의 마음이 있다(신 8:1~4).

죽음을 통과하여 다시 태어난 사람의 삶은 덤으로 사는 것이다. 따라서 덤으로 사는 사람은 자신에게 목숨을 준 사람을 위해 사는 삶이어야 한다. 하나님은 유월절을 통과한 이스라엘이 하나님과 동행하는 삶을 살기를 원하셨으며, 그 의식으로 홍해로 인도하여 침례를 행하셨다.

예수님도 부활하시기 전에 제자들에게 "하늘과 땅의 모든 권세를 내게 주셨으니 그러므로 너희는 가서 모든 족속으로 제자를 삼아 아버지와 아들과 성령의 이름으로 세례를 주고 내가 너희에게 분부한 모든 것을 가르쳐 지키게 하라 볼지어다 내가 세상 끝날까지 너희와 항상 함께 있으리라"(마 28:18~20)라고 하시어, 믿고 구원을 받은 자에게 당연히 침례를 행하여 세상과 분리되고 주님을 따르는 삶을 살도록 이끌라고 하셨다.

제자들은 예수님의 지상명령을 받아, 믿고 구원받은 사람에게 항상 침례를 행했다(행 2:41, 8:13, 38, 9:18, 10:48, 16:15, 33, 18:8, 19:5 등). 그만큼 침례는 신약교회에서도 중요한 의식이다. 그것은 내가 그리스도와 함께 십자가에 못 박히고, 그리스도와 함께 다시 살았다는 것을 스스로 고백하고 세상과 나를 분리하는 예식이다. 이에 대해 성경은 이렇게 말씀한다.

"무릇 그리스도 예수와 합하여 세례(침례)를 받은 우리는 그의 죽으심과 합하여 세례(침례) 받은 줄을 알지 못하느뇨 그러므로 우리가 그의 죽으심과 합하여 세례(침례)를 받음으로 그와 함께 장사되었나니 이는 아버지의 영광으로 말미암아 그리스도를 죽은 자 가운데서 살리심과 같이 우리로 또한 새 생명 가운데서 행하게 하려 함이니라 만일 우리가 그의 죽으심을 본받아 연합한 자가 되었으면 또한 그의 부활을 본받아 연합한 자가 되리라 우리가 알거니와 우리 옛 사람이 예수와 함께 십자가에 못 박힌 것은 죄의 몸이 멸하여 다시는 우리가 죄에게 종노릇하지 아니하려 함이니 이는 죽은 자가 죄에서 벗어나 의롭다 하심을 얻었음이니라 만일 우리가 그리스도와 함께 죽었으면 또한 그와 함께 살 줄을 믿노니 이는 그리스도께서 죽은 자 가운데서 사셨으매 다시 죽지 아니하시고 사망이 다시 그를 주장하지 못할 줄을 앎이로라 그의 죽으심은 죄에 대하여 단번에 죽으심이요 그의 살으심은 하나님께 대하여 살으심이니 이와 같이 너희도 너희 자신을 죄에 대하여는 죽은 자요 그리스도 예수 안에서 하나님을 대하여는 산 자로 여길지어다"(롬 6:3~11).

"물은 예수 그리스도의 부활하심으로 말미암아 이제 너희를 구원하는 표니 곧 세례(침례)라 육체의 더러운 것을 제하여 버림이 아니요 오직 선한 양심이 하나님을 향하여 찾아가는 것이라"(벧전 3:21).

이처럼 침례란 세상과 분리하는 영적인 의미를 갖고 있기에 물속에 완전히 잠기는 예식이다. 침례 자체가 나를 구원해 주는 것이 아니라, 내가 예수 그리스도의 죽으심과 합하여 장사된 것이며, 예수 그리스도께서 죽은 자 가운데서 다시 살아나신 것처럼 이제 새 생명 가운데서 살아가겠다는 다짐인 것이다. 이것은 이스라엘이 홍해를 건넌 것처럼 나의 옛 사람을 예수 그리스도와 함께 십자가에 못 박아 세상과 분리했다는 것을 만천하에 알리고, 이제부터는 삼위일체이신 하나님을 나의 하나님으로 믿고 따르며 동행하겠다는 것을 고백하는 예식이다. 그래서 믿음의 선진들은 박해를 받으면서도 목숨을 내놓고 침례에 순종했던 것이다.

침례는 그리스도인에게 이렇게 중요한 것이지만, 막 구원을 받고 침례받을 당시에는 앞선 형제들이 누누이 설명하는 의미를 정확히 이해하지 못한다. 비록 침례가 세상과 나를 분리하는 의식이며, 이제는 나를 사랑하사 나를 위하여 자기 몸을 버리신 하나님의 아들을 믿는 믿음으로 사는 것이라 다짐하고 침례에 순종할지라도, 그들은 앞으로 그리스도인으로 하나님과 동행하며 살아가기 위해 버려야 할 것이 얼마나 많다는 것을 깨닫지 못한다. 그러나 침례에 합당한 열매를 맺고, 하나님과 동행하는 삶을 사는 것은 힘들지만, 반드시 행해야 하는 일인 것을 알아야 한다.

이처럼 중요한 침례에 대해 한 가지 의문점이 있는데, 왜 구약성경에서는 이스라엘이 홍해 횡단 이후로 침례에 대한 기록을 찾을 수 없냐는 것이다. 신약성경에서는 사도행전만 보더라도 많은 곳에서 구원받고 개인적으로 침례에 순종한 것을 볼 수 있는데, 왜 이스라엘은 출애굽 이후로 침례를 행하지 않았을까?

그것은 평생 한 번 행하는 침례에 대해 교회 시대에는 하나님이 사람들을 개인적으로 다루신 반면, 이스라엘에 대해서는 항상 너, 야곱, 이스라엘이라는 2인칭 또는 3인칭 단수를 사용하시며 민족적으로 다루셨기 때문이다(신 29:13, 32:9 등).

> "여호와께서 이왕에 네게 말씀하신 대로 또 네 열조 아브라함과 이삭과 야곱에게 맹세하신 대로 오늘날 너를 세워 자기 백성을 삼으시고 자기는 친히 네 하나님이 되시려 함이니라"(신 29:13).

즉, 하나님은 이스라엘을 단도직입적으로 '너는 내 것'이라고 표현하여 그들을 하나로 취급하셨으며, 유월절을 통해 민족적으로 구원받고, 홍해 횡단을 통해 민족적으로 침례받은 것으로 인정하셨다. 따라서 구원받고 침례에 순종한 그리스도인이 당연히 떡과 잔에 참예하는 것처럼, 그들은 탄생과 더불어 유월절 예식에 참예할 수 있었다. 태어나서 8일 만에 받는 할례가 이스라엘 백성이라는 표징이 되었다. 사람들이 홍해 횡단 속에 감추어진 영적인 침례를 깨닫지 못했던 것은 하나님이 이스라엘을 민족적으로 다루신 것을 간과했기 때문이다.

신약 시대에도 구원받은 그리스도인의 삶은 광야를 헤쳐 나간 이스라엘 백성의 삶과 별반 다를 것이 없다. 구원받고 침례에 순종한 많은 그리스도인들이 처음에는 홍해를 건넜던 이스라엘처럼 하나님을 기쁨으로 찬양하지만, 삶 가운데 어려움이 찾아오면 침례에 순종했던 마음은 사라지고 온전한 그리스도인의 삶을 살아가지 못하게 된다. 그래서 많은 그리스도인들이 구원받은 후에도 여전히 죄가 내 안에 역사하고 있다는 것을 돌아보고 실망한다. 그것은 이스라엘 민족 대부분이 광야 생활 중 여전히 불순종했던 모습을 통해 비추어 볼 수 있다. 이러한 이스라엘에 대하여 하나님은 또다시 요단을 건너게 하신다.

이스라엘이 요단을 건넜을 때는 모맥을 거두는 때로 항상 강물이 언덕에 넘치는 시기였다(수 3:15). 홍해를 갈라 이스라엘을 건너게 하셨던 것처럼 제사장들이 언약궤를 메고 백성보다 앞서 건넜을 때, 흘러내리던 물을 멈추게 하사 요단을 건너게 하셨다(수 3:14~17). 이때는 흘러내리는 물만 멈추게 했기 때문에 홍해를 건넜을 때처럼 물속에 잠기는 형국이 아니었다. 홍해의 물은 침례를 상징하지만, 요단의 물은 내가 하나님에게 마음을 합쳐 드리는 것을 뜻한다. 믿음으로 하나님에게 마음을 합쳤을 때, 비로소 요단의 물이 멈추어 건널 수 있었다.

하나님은 매 지파 한 사람씩 열두 사람에게 요단 가운데 있는 여호와의 궤 앞에서 돌 열둘을 취하여 어깨에 메고 길갈에 있는 그들의 숙영지에 가져다 두게 하셨으며, 요단 가운데 곧 언약궤를 멘 제사장들의 발이 선 곳에도 돌 열둘을 세워 두게 하신다(수 4:8~9).

하나님은 유월절을 지키는 것에 대하여 자식에게 이것을 보여 가르치라 하셨던 것처럼, 요단을 건넜을 때에도 이같이 자식들에게 그 뜻을 이야기하라고 하신다.

> "요단 가운데 너희 하나님 여호와의 궤 앞으로 들어가서 이스라엘 자손들의 지파 수대로 각기 돌 한 개씩 취하여 어깨에 메라 이것이 너희 중에 표징이 되리라 후일에 너희 자손이 물어 가로되 이 돌들은 무슨 뜻이뇨 하거든 그들에게 이르기를 요단 물이 여호와의 언약궤 앞에서 끊어졌었나니 곧 언약궤가 요단을 건널 때에 요단 물이 끊어졌으므로 이 돌들이 이스라엘 자손에게 영영한 기념이 되리라 하라"(수 4:5~7).

그 돌들로 무슨 기념이 되게 하셨을까?

제사장들이 멘 언약궤는 하나님을 상징한다. 따라서 요단 가운데 곧 언약궤를 멘 제사장들의 발이 선 곳에 세워 둔 돌 열둘은 그들이 하나님 앞에 마음을 합했다는 것을 의미한다. 광야 40년의 기간 동안 하나님에게 불순종하고 원망했던 그들의 옛 습성은 이제 그 돌들과 함께 요단의 물 가운데 묻힌 것이다. 그런데 하나님은 또한 요단 가운데 있던 언약궤 앞에서 다시 돌 열둘을 취하여 어깨에 메고 그들이 유숙할 곳에 세워 둘 것을 명하셨다. 요단의 돌들을 통하여 하나님과 마음을 합하여 너희 자신을 하나님의 것으로 드리라는 것을 상징적으로 보여주셨던 것이다. 요단 강에서 하나님과 마음을 합하여 동행했을 때, 그들은 할례를 받았으며, 유월절 예식을 통해 예배가 회복되었다. 이것은 그리스도인의 품성과 상관없이 다음의 말씀을 예표한다.

> "내가 그리스도와 함께 십자가에 못 박혔나니 그런즉 이제는 내가 산 것이 아니요 오직 내 안에 그리스도께서 사신 것이라 이제 내가 육체 가운데 사는 것은 나를 사랑하사 나를 위하여 자기 몸을 버리신 하나님의 아들을 믿는 믿음 안에서 사는 것이라"(갈 2:20).

여호수아에게 나타났던 하나님의 군대장관을 통해서도 명확히 그 의미를 알려 주셨다. 하나님의 군대장관은 여호수아에게 "네 발에서 신을 벗으라 네가 선 곳은 거룩하니라"(수 5:15)라고 한다. 신을 벗는 것은 모든 주권을 하나님에게 넘긴다는 것을 의미하며, 여호수아는 이때 자신의 지휘권을 하나님에게 넘겼던 것이다. 이렇게 되었을 때 그들 가운데 하나님이 역사하실 수 있었고, 비로소 가나안을 정복해 나갈 수 있었다.

그래서 그들은 전쟁을 치른 후, 항상 그 돌들이 있었던 길갈로 돌아왔다. 거기서 마음을 새롭게 하고, 하나님과 동행에 대한 의미를 새겼다. 그러나 아이를 쳤을 때, 그 출발지는 길갈이 아니라 여리고였다. 그들이 길갈에서 마음을 새롭게 하지 못했기 때문에 인간적인 욕심이 마음 가운데 비집고 들어왔으며, 그로 인해 아간은 죄를 범하게 되었던 것이다.

요단에서 물속에 잠겼던 돌처럼, 하나님과 뜻을 합하여 동행하는 그리스도인의 삶에 대해서는 신약성경 여러 곳(롬 14:7~9; 고후 5:15~17; 갈 2:20)에서 그 중요성을 강조하고 있다.

40년의 세월이 흘러 요단을 건넜을 때 24개의 돌들을 통하여 하나님과 연합하여 자신의 모든 주권을 하나님에게 넘겨드리는 의식을 치렀듯이, 그리스도인도 시련을 통과하여 정금같이 단련하고서야 하나님과 연합하여 온전히 순종할 수 있는 것이다. 그러나 그러한 경지에 이르는 것도 교회에 붙어 있어 경건하고 온전한 신앙생활을 했을 때만이 가능하다. 그리스도인은 홍해를 건넜던 계수함을 받은 사람 중 오직 여호수아와 갈렙만 요단을 건넜다는 사실을 유념해야 한다.

이처럼 성찬은 모일 때마다 예수 그리스도의 피로 구원받아 우리의 신분이 바뀌었다는 것을 기념하면서 주께 감사와 찬양과 경배와 더불어 드리는 것이며, 침례는 구원받은 자의 신분으로 하나님과 동행하는 삶을 영위하겠다는 다짐으로 평생 한 번 치르는 의식이다. 그리고 이 모든 것은 이스라엘의 출애굽 때 유월절과 홍해 횡단을 통해 신약 교회의 예표로 보여주셨다.

이스라엘 민족의 출애굽이 이스라엘뿐 아니라 그리스도인에게도 중요한 것은, 그 모든 증거들이 하나님의 살아 계심을 묵묵히 보여주는 것도 있지만, 구원과 순종, 동행에 대한 그리스도인의 그 모든 삶의 표준을 제시하고 있기 때문이다.

출애굽과 여호와의 절기와의 관계

"너는 무교절을 지키되 내가 네게 명한 대로 아빕월 그 기한에 칠 일 동안 무교병을 먹으라 이는 네가 아빕월에 애굽에서 나왔음 이니라 무릇 초태생은 다 내 것이며 무릇 네 가축의 수컷 처음 난 우양도 다 그러하며 나귀의 첫 새끼는 어린 양으로 대속할 것이요 그렇게 아니하려면 그 목을 꺾을 것이며 네 아들 중 장자는 다 대 속할지며 빈 손으로 내 얼굴을 보지 말지니라 너는 엿새 동안 일하 고 제칠일에는 쉴지니 밭 갈 때에나 거둘 때에도 쉴지며 칠칠절 곧 맥추의 초실절을 지키고 가을에는 수장절을 지키라 너희 모든 남자는 매년 세 번씩 주 여호와 이스라엘의 하나님 앞에 보일지라 내가 열방을 네 앞에서 쫓아내고 네 지경을 넓히리니 네가 매년 세 번씩 여호와 너의 하나님께 보이러 올 때에 아무 사람도 네 땅을

탐내어 엿보지 못하리라"(출 34:18~24).

　이 이야기는 이스라엘의 출애굽과 여호와의 절기가 어떤 연관이 있고, 신약 시대에 그 여호와의 절기와 예수 그리스도가 어떤 연관이 있는 것인가 상고해 보도록 기록하였다. 그냥 부록 정도로 이해하고 넘어갔으면 좋겠다.

　신약성경에서 가장 핵심이 되는 것은 예수 그리스도의 보혈이다. 그런데 아무런 근거 없이 예수 그리스도의 보혈만 있었으면 아무리 역사적인 사실에 근거했더라도 누구도 믿지 않을 것이다. 예수 그리스도의 보혈을 구약성경에 수없이 많은 곳에서 예언했을 뿐 아니라, 이스라엘의 출애굽 사건이 예수 그리스도의 사역과 연관이 있기 때문에 우리는 예수 그리스도의 보혈을 믿는 것이다. 그리고 그러한 사실성과 연관성을 규명한 것이 바울 서신이다. 바울은 하나님의 계시를 받아 구약, 특히 모세오경과 예수 그리스도와의 연관성을 그의 서신서에서 잘 설명하고 있다. 따라서 출애굽 사건을 정확히 알면 신약성경을 더욱 잘 이해할 수 있으며, 성경 전체에 흐르는 맥을 정확히 짚을 수 있다. 사도 바울이 구약에 계시된 영적인 의미에 대한 맥을 정확히 짚을 수 있었던 것도, 그가 율법에 통달한 바리새인이었기 때문이었다.

　그중 하나가 출애굽 사건과 여호와의 절기와의 연관성이다.

여호와의 절기를 정확히 요약한 말씀이 레위기 23장이다. 그런데 레위기 23장의 여호와의 절기를 읽어 보면 그에 대한 유래를 전혀 언급하지 않았다.

어느 민족이든지 국경일과 명절에 대해서는 그 유래가 있는데, 여호와의 절기에 대해서는 그 유래가 없다. 물론 그 전에 출애굽기 12장에서 유월절과 무교절에 대해서 말씀하면서 대대로 여호와의 절기로 지키라고 했기 때문에 유월절과 무교절에 대해서는 그 유래를 알 수 있다. 그리고 신약에 와서 유월절 어린양으로 오신 예수 그리스도와도 자연스럽게 연결이 된다.

여호와의 절기에 대해 해설해 놓은 많은 해설서나 주석서에서 예수 그리스도와의 연관성에 대해서는 아주 자세하게 영적으로 풀어 놓았으나, 그 유래에 대해서는 단지 레위기 23장만 언급하고 있다. 그런데 출애굽기를 자세히 읽어 보면 그 유래가 이스라엘의 출애굽과 연관이 있는 것을 알 수 있다.

우선 유월절에 대해서는 너무도 잘 알려져 있기 때문에 깊게 언급하지 않겠다. 이스라엘 민족은 이때 유월절 어린양을 죽여 그 피로 좌우 문설주와 인방에 발라 재앙이 넘어가도록 한 것을 기념하여 지켰다. 자연스럽게 예수 그리스도께서 하나님의 어린양으로 오셔서 그 피로 우리의 모든 죄를 사하신 것을 의미한다. 그리고 예수 그리스도께서는 그 모형 그대로 예언을 이루시고 하늘로 올라가셨다.

무교절은 그날부터 홍해를 건너기까지의 일정을 기념하여 지킨 것이다. 실제로 이스라엘 전승에 따르면, 그들은 애굽을 탈출하여 제7일째 되는 한밤에 홍해를 건넌다. 그리고 그 기간 동안 누룩이 없는 무교병으로 그들의 양식을 대신하였다. 그들이 무교절의 첫날과 제7일을 안식일로 지키는 것은 레위기 23장의 기록에 의한 것이지만, 실제로 이에 대한 유래는 애굽을 탈출한 첫날과 홍해를 건넌 날을 기념한 것이다.

무교절 기간은 그리스도인의 신앙생활에서 누룩이 없는 경건한 삶을 영위해야 한다는 것을 예표한다. 이스라엘 민족이 간단한 짐을 꾸려 나그네 여정을 떠났듯이 그리스도인도 이 세상 삶을 나그네 인생으로 인식하고 생활에서 누룩을 제거하는 삶을 살 것을 예표한다.

초실절은 그들이 광야에서 처음으로 하나님 앞에 드린 희생제를 기념한 것이다. 모세는 바로에게 가서 세 번이나 우리가 사흘 길쯤 광야로 가서 하나님 앞에 희생을 드리려 하니 허락해 달라고 간청한다(출 3:18, 5:3, 8:27). 그런데 그들은 출애굽하여 밤낮 쉬지 않고 3일을 걸어 에담에 도착한다. 그리고 하루를 쉬고 되돌아서 2일 동안 걸어 비하히롯 해안에 도착한다. 아마 그들은 광야 끝 에담에서 하나님 앞에 첫 희생제를 드렸을 것이다. 그리고 그날은 예수 그리스도께서 부활한 날과 정확히 일치한다.

이스라엘 민족이 시내 광야에 도착한 날은 성경의 내용으로 정확히 알 수 없다. 성경은 단지 셋째 달이 되는 그날이라고 하여 자세히 알 수 없도록 하였다. 그래서 학자들에 따라 초하루라고 하는 사람과 셋째달의 셋째 날이라 하여 초삼일이라고 하거나, 애굽을 나온 지 셋째 달이 되는 날이라고 하여 3월 15일이라고 보는 사람이 있다. 그러나 이스라엘의 전승에 따르면 그들은 출애굽 후 제45일째 되는 날 시내 광야에 도착했다고 하여 이날을 3월 초하루로 본다.

이스라엘 민족은 에담에서 첫 희생제를 드리고, 50일째 되는 날은 3월 7일에 해당한다. 따라서 이날은 모세가 시내 광야에 도착하여 2일간 옷을 빨고, 3일을 예비하고 백성을 단속하여 네 번째로 시내 산에 올라 십계명을 포함한 율법을 받은 때와 일치한다. 성경이 그날을 명확히 명시하지 않은 것은 오순절을 정확히 명시하지 않은 것과 일맥상통한다(출 19:1). 그래서 유대인들은 오순절이 되면 십계명을 봉독한다고 한다.

모세는 하나님과 독대하여 40일간의 금식을 마친 후에 십계명을 돌판에 새겨 시내 산에서 내려온다. 아이러니한 것은, 모세가 돌판을 가지고 내려왔을 때 3천 명의 이스라엘 백성이 죽었는데, 신약에 와서 오순절날 하나님의 성령이 모든 사람에게 부어져 삼천 명의 사람이 구원받는다. 율법은 모든 사람을 죽게 하는 법이지만, 하나님의 성령은 모든 사람을 살리는 것이다(고후 3:6).

오순절에는 누룩이 있는 떡 두 덩이를 만드는데, 이것은 누룩이 있는 허물 많은 세상에 사는 유대인과 이방인 중에서 거룩하게 구별하여 교회를 이루어 가겠다는 것을 의미한다.

7월 1일은 이스라엘의 나팔절이다. 오순절이 지나고 약 110일이 지났을 때이다. 출애굽 제1년 7월 1일에 무슨 일이 있었는지 성경에 전혀 기록이 없다. 나팔절뿐 아니라 그 뒤로 이어지는 대속죄일과 초막절에 대해서도 그 절기에 어떤 사건이 있었다는 기록이 없다. 다만 유대인의 전승에 따르면, 대속죄일인 7월 10일에 모세가 두 번째 돌판을 가지고 내려왔다고만 전해진다. 초막절인 7월 15일부터 22일까지 8일간은 아마도 성막을 만들기 위해 백성으로부터 성막 재료를 예비한 날이었을 것이다.

유월절과 무교절, 초실절, 오순절 네 절기는 교회 시대를 놓고 봤을 때 이미 성취된 사건이다. 지금 이 시대는 오순절 성령 강림 사건 이후로 하나님의 교회가 형성되었고, 이제 이 침묵의 기간에 하나님은 교회를 통해 일하신다.

나팔절과 대속죄일, 그리고 초막절에 대하여 성경에 그 유래를 명확히 기록하지 않았듯이 후일에 성취될 그 절기가 어떻게 전개될 것인지 전혀 알 수 없다. 다만 나팔절이 되면 하나님은 교회를 하늘로 불러 올리실 것이며, 교회가 휴거된 다음 7년 대환난이 끝날 즈음에 대속죄일이 있을 것이다. 그리고 초막절에 하나님이 예루살렘을 회복할 것이다. 초막절의 8일간은 천년왕국에 해당한다.

여호와의 절기가 주는 영적인 의미와 예수 그리스도와의 관계에 대해서는 믿음의 선진들이 아주 자세히 풀이해 놓은 책들이 있기 때문에 이를 참조하면 좋을 것이다. 여기서는 단지 세계 모든 나라들이 지키는 국경일처럼 이것들도 출애굽의 어떤 사건들과 무관하지 않으며, 그래서 그 유래를 더욱 자세히 알면 예수 그리스도와의 관계와 영적인 의미도 더욱 깊이 있게 알 수 있을 것이기에 간단히 언급해 보았다.

여호와의 절기와 출애굽 사건 및 예수 그리스도와의 연관성

절기명	일자(유대력)	출애굽 사건	그리스도와의 연관성
유월절	1월 14일 저녁	열 번째 재앙 때 어린양의 피를 좌우 설주와 인방에 발라 재앙이 넘어간 사건	유월절 어린양으로 돌아가신 예수님
무교절	1월 15일~21일	첫날: 애굽을 탈출한 날 일곱째날: 홍해를 건넌 날 홍해를 건너기까지 고난의 무교병을 먹음	누룩이 없는 경건한 그리스도인의 삶
초실절	무교절 기간 안식일 익일	출애굽 후 사흘 길을 걸어 에담에서 첫 희생제를 드림	예수님의 부활
오순절	초실절(포함)에서 50일 되는 날	십계명과 율법을 받은 날 유교병 두 덩이를 요제로 드림	성령이 내려옴 유대인과 이방인으로 교회를 형성
나팔절	7월 1일	알 수 없음	그리스도인의 휴거
대속죄일	7월 10일	모세가 두 번째 돌판을 가지고 내려온 날	7년 대환난 후 성전을 회복할 날
초막절	7월 15일~22일	성막 건축을 위해 예비한 기간	천년왕국의 시작

부 록

이스라엘 민족의 출애굽 일정

일 자	일 정	성경 구절
제1년 1월 10일	· 유월절 양을 간수함	출 12:3
제1년 1월 15일	· 라암셋 출발 숙곳➔광야 끝 에담➔비하히롯	민 33:3
제1년 1월 21일	· 홍해 횡단 수르 광야➔마라➔엘림➔홍해가	유대인 전승
제1년 2월 15일	· 신(Sin) 광야 도착 돕가➔알루스➔르비딤➔르비딤-므리바 사건 ➔아말렉과 전쟁	출 16:1
제1년 3월 1일	· 시내 광야 도착(출애굽 후 45일 뒤➔유대인 전승) 십계명 및 율법 받음➔금송아지 사건	출 19:1
제2년 1월 1일	· 완성된 성막을 하나님께 봉헌	출 40:17
제2년 1월 14일	· 시내 광야에서 두 번째 유월절을 보냄	민 9:1~5
제2년 2월 1일	· 20세 이상의 남자들 인구 조사	민 1:1
제2년 2월20일	· 시내 광야 출발➔미리암의 문둥병 사건 가데스 바네아➔12정탐꾼 부정적 보고➔홍해길➔광야	민 10:11~12
~	· 광야 생활 38년 고라와 다단과 온의 반란➔염병에 의한 죽음	신 2:14
제40년 1월	· 가데스 바네아 도착 미리암의 죽음➔가데스-므리바 사건	민 20:1
제40년 5월 1일	· 호르산 도착(아론의 죽음) 아랏 왕과 전투➔홍해길(불뱀 사건)➔오봇➔이예아바림➔ 세렛 골짜기➔아르논 골짜기➔브엘➔맛다나➔나할리엘 ➔바못➔비스가산➔야하스(아모리 왕 시혼과 전투)➔ 바산 왕 옥과 전투➔모압 평지 도착➔모압 왕 발락의 사건➔ 모압 여인들과의 음행➔20세 이상의 남자들 인구 조사	민 33:38
제40년 11월 1일	· 모압 평지(싯딤)에서 율법 반포를 마침 미디안 다섯 왕과 마지막 전투➔ 르우벤, 갓, 므낫세 반 지파에게 요단 동편 분배➔ 비스가산에 올라 가나안을 둘러봄➔ 모압 땅에서 죽어 벧브올 맞은편 골짜기에 장사됨	신 1:3
제41년 1월 10일	· 요단 강을 건넘	수 4:19

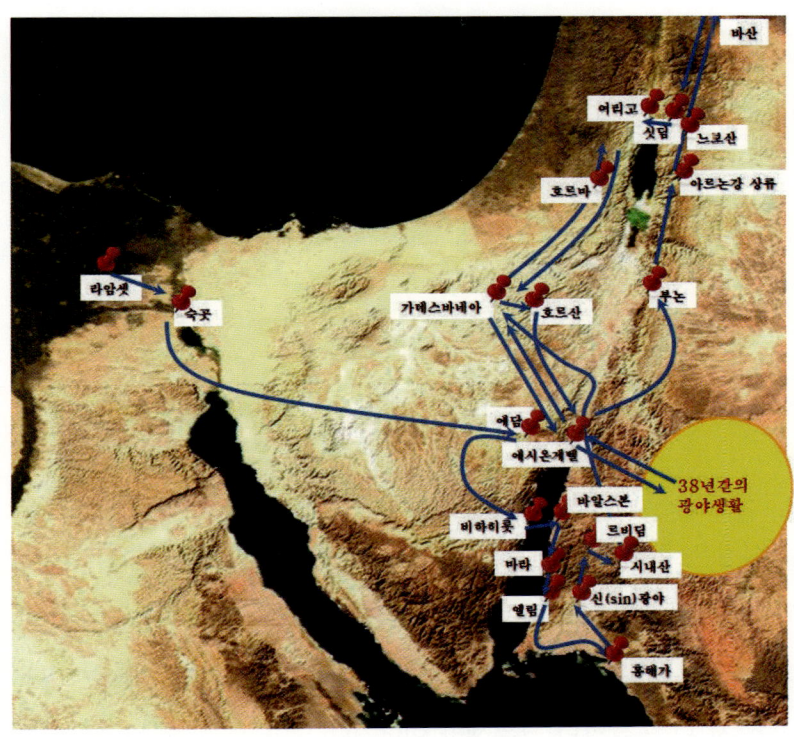

이스라엘 민족의 출애굽 일정

성경에 근거한 인류의 기원과 종말에 대한 연대 측정

　성경은 하나님이 인간을 위해 주신 메시지이기에 인류의 기원과 종말에 대한 내용이 정확하게 기록되어 있다. 따라서 관심을 갖고 성경을 들여다보면 인류의 기원 연대를 정확히 예측할 수 있다. 비록 천 년을 살았던 므두셀라 이야기나 노아 홍수, 이스라엘 민족의 출애굽, 세상 마지막 전쟁인 아마겟돈 전쟁 등 우리의 상식으로는 도무지 이해가 안 되는 여러 사건들이 기록되어 있지만, 그 모든 것들이 사실이라는 것을 알게 되면 전능하신 하나님을 새삼 깨달을 수 있다.

족장들의 나이에 근거한 연대 측정

우선 창세기에 나온 족장들의 나이를 근거로 인류의 기원 연대를 계산해 보자. 아담의 탄생을 0년으로 보고 절대적인 연대를 계산했다. 아담은 130세에 셋을 낳았고, 셋은 105세에 에노스를 낳았으며, 에노스는 90세에 게난을 낳았다. 이처럼 창세기는 인물들의 나이를 정확히 기록하고 있으므로 기록된 인물들의 나이를 바탕으로 연대표를 작성할 수 있다. 이 글의 마지막에 있는 연대표를 보면 인류의 기원 연도를 알 수 있을 것이다. 참고로 연대표에서 득남 나이는 아들을 낳은 나이를 적은 것이며, 죽은 나이는 성경에 기록된 나이를 적었다.

연대표에서 주의할 곳이 세 군데 있다. 첫째는 셈이 태어난 때이다. 노아는 500세에 셈과 함과 야벳을 낳았다고 창세기에 기록되어 있다(창 5:32). 이 구절만 보면 노아는 세 쌍둥이를 낳았고, 셈, 함, 야벳을 형제의 순서로 보기 쉽다. 그러나 노아는 함을 그의 작은아들이라고 말했으며(창 9:24), 셈은 야벳의 동생이라고 했다(창 10:21, 킹제임스 성경). 따라서 형제의 순서는 야벳, 셈, 함이든지, 야벳, 함, 셈의 순서가 되어야 맞다. 창세기에 "셈은 일백 세 곧 홍수 후 이년에 아르박삿을 낳았고"(창 11:10)라고 하여 노아가 셈을 낳았던 실제 나이를 알려 주고 있다. 노아 600세 2월 17일에 홍수가 있었고, 이듬해

2월 27일까지 계속 노아는 방주에 있었으므로, 홍수 후 2년에 셈이 100세였으면 노아가 셈을 낳은 나이는 503세가 되어야 정확하다. 따라서 노아 500세 때 태어난 아들은 야벳이었고, 셈은 3년 뒤에 태어났다.

그다음이 아브라함(아브람)의 탄생이다. 성경은 데라가 70세 때 아브람과 나홀과 하란을 낳았다고 기록하고 있다(창 11:26). 역시 데라가 70세에 세 쌍둥이를 낳은 것처럼 보일 수 있기 때문에 다른 성경 구절을 찾아봐야 한다. 창세기 19장에서 소돔과 고모라가 멸망할 때 아브라함에게는 10세 정도의 이스마엘이라는 자식만 있었지만, 하란의 아들인 롯은 이미 딸들이 장성하여 사위까지 있었다. 또한 하란의 딸인 밀가는 아브라함의 다른 형제인 나홀의 아내가 되었다. 따라서 하란과 아브라함의 나이 차이는 매우 크다는 것을 알 수 있다. 또한 데라는 205세에 하란에서 죽었고, 아브람은 75세였다고 적고 있다(창 11:32~12:4). 그러므로 데라는 아브람을 130세에 낳았던 것이다.

마지막으로 주의할 곳은 야곱 이후에 대한 기간이다. 아브라함은 100세에 이삭을 낳았고, 이삭은 40세에 결혼하여 60세에 야곱과 에서를 낳았다. 성경은 야곱이 147세까지 살았다는 것만 기록했을 뿐, 야곱이 자식을 낳은 나이를 기록하지 않았다. 그러나 여러 성경 구절을 통해 야곱이 요셉을 낳은 나이를 계산해 볼 수 있다. 요셉은 17

세에 애굽으로 와서(창 37:2) 30세에 애굽의 총리가 된다(창 41:46). 그리고 7년의 풍년이 지나고 흉년이 시작되어 2년이 지난 후(창 45:6, 11), 즉 그의 나이 39세 때에 야곱을 애굽으로 이끌어 온다. 이때 야곱의 나이를 130세(창 47:9)라고 기록하고 있기 때문에, 야곱이 91세(130-39)에 요셉을 낳았다는 것을 유추해 낼 수 있다.

그런데 성경은 요셉이 110세에 죽었다고만 기록했을 뿐(창 50:26) 언제 자녀를 낳았는지 기록하지 않았다. 그러므로 요셉 이후로는 더 이상 연대 추적이 불가능하다. 따라서 야곱의 다른 아들을 찾아 그 연대를 추적해야 한다. 출애굽기 6장을 보면 레위는 137세를 살았고, 고핫은 133세를 살았으며, 아므람은 137세를 살았다고 적고 있다. 그리고 신명기 마지막 장에서 모세는 120세를 살았다고 적고 있다. 이를 근거로 야곱에서 레위, 고핫, 아므람, 모세로 이어지는 연대를 추적해야 하는데, 이 역시 출애굽기의 말씀만으로는 연대를 추적할 수 없어 또 다른 성경을 찾아봐야 한다.

족장들 이후의 연대 추적

연대를 추적해 볼 수 있는 한 가지 단서가 있는데, 바로 신약의 갈라디아서의 말씀이다(갈 3:17). 여기서 성경은 하나님이 미리 확정하신 언약을 430년 후에 생긴 율법이 폐기할 수 없다고 말씀하고 있다. 즉, 아브라함을 불러 언약을 세울 때의 나이 75세부터(창 12:2) 모세가 시내 산에서 율법을 받은 그의 나이 80세(행 7:23~36)까지의 기간이 430년이라는 말이다. 따라서, 아브라함의 나이 75세부터 야곱이 모든 가족을 데리고 애굽의 고센 땅으로 갔을 때의 나이인 130세(창 47:9)까지가 215년이라는 계산(아브라함은 75세에 언약을 받아 100세에 이삭을 낳았고, 이삭은 60세에 야곱과 에서를 낳았으며, 야곱이 130세에 애굽에 갔으므로 100-75+60+130=215년)이 나오므로 애굽에서의 기간은 430년-215년=215년이 된다. 야곱이 84세에 레아와 결혼하여 르우벤부터 유다까지 연년생으로 아들을 낳았으므로 레위는 87세에 태어났을 것이다. 그러면 레위의 나이 43세쯤 애굽으로 들어왔을 것이고, 그때 이미 게르손과 고핫, 므라리라는 세 아들이 있었다(창 46:11). 그렇게 레위의 수명 137세와 고핫의 수명 133세, 아므람의 수명 137세에 맞추어 215년을 분배하면 레위는 40세쯤 둘째 아들 고핫을 낳았고, 고핫은 69세쯤 첫째 아들 아므람을 낳았으며, 아므람은 69세쯤에 둘째 아들 모세를 낳았을 것이다.

여기까지의 연대는 어렵더라도 추적이 가능하지만, 이후의 연대에 대해서는 조상들의 나이로 연대 추적이 불가능하다. 이후의 연대에 대해서는 사사들의 통치 기간과 열왕들의 통치 기간을 계산하여 추적해야 하는데, 이를 가지고 계산하기에는 불확실한 면이 많이 있다. 돌라나 입다와 같은 사사는 자신들의 지파 지역에서만 활동하여 연대 자료로 쓰기에 부적합하고, 열왕들 역시 아버지와 공동 통치한 왕들도 있다. 따라서 사사들과 열왕들의 연대로는 정확한 연대 계산이 불가능하여 여러 기간을 총괄하는 다른 말씀을 찾아야 한다.

사사 시대를 총괄하는 말씀은 열왕기상 6장과 사도행전 13장의 말씀이다(왕상 6:1; 행 13:17~21). 열왕기상에서는 출애굽부터 솔로몬 왕 통치 3년까지의 기간이 480년이라고 기록하고 있다. 그런데 사도행전의 말씀을 보면 여호수아 통치부터 사무엘의 통치까지의 기간이 450년이라고 말씀하고 있다. 광야 생활 40년, 사울 시대 40년, 다윗 시대 40년 및 솔로몬 3년을 450년과 합하면 573년이 되어 열왕기상 6장에 기록된 말씀과 무려 93년이라는 오차가 발생한다.

이것은 사사기 기간 동안 이방 민족의 지배를 받았던 93년과 일치한다. 사사기에 기록된 이방 민족의 지배를 받았던 전체 기간은 111년인 것처럼 보이지만, 이 중 암몬 자손에 의해 지배를 받았던 18년간의 기간은 40년간의 블레셋 지배 기간과 중복된다. 즉 그 당시 이스라엘은 요단 동쪽에서는 암몬 자손으로부터 18년간 지배를 받았고, 그 후로 입다가 일어났었던 것이다. 그리고 동시에 요단 서쪽은 블레셋 사람들에게 40년간 지배를 받았다. 그리고 블레셋의 지배를 받았던 40년 동안에 삼손과 사무엘이 사사로 통치했었다.

480년과 573년의 오차(93년)는 다니엘에 기록된 말씀으로 바로잡으면 된다(단 9:24~27). 하나님은 다니엘에게 예루살렘을 재건하라는 영이 있을 때부터 70주(490년)의 기간을 이스라엘 민족을 위해 주셨다고 말씀하셨는데, 클라렌스 라켄은 이 말씀을 근거로 다니엘의 70주(490년)가 과거 이스라엘 민족과 성전에 대해서도 정확하게 일치한다고 검증하였다.

즉 아브라함의 탄생부터 성막의 건축까지 첫 번째 70주(490년)가 있는데, 아브라함이 이스마엘을 낳았던 86세부터 이삭을 낳았던 100세까지 15년 동안은 약속에서 끊어졌으므로 실제 기간은 505년이 된다. 이것을 갈라디아서 3장의 말씀으로 검증하였다(갈 3:17).

두 번째 70주(490년)는 성막의 건축부터 성전 봉헌까지로, 열왕기상 6장의 말씀에 따라 480년+성전 건축 기간 10년을 더하면 490년이 된다. 그런데 여기에는 사사 시대에 이방 민족의 지배를 받았던 93년이 제외되었으므로 실제 기간은 583년이 된다. 이것도 열왕기상 6장에 기록된 480년에 사사기의 이방 민족 지배 기간 93년과 성전 건축 기간 10년을 합하면 사도행전 13장에 기록된 기간과 일치한다. 자세한 내용은 아래 도표를 참조하면 된다.

※ 출애굽에서 성전 건축까지의 기간(두 번째 70주)

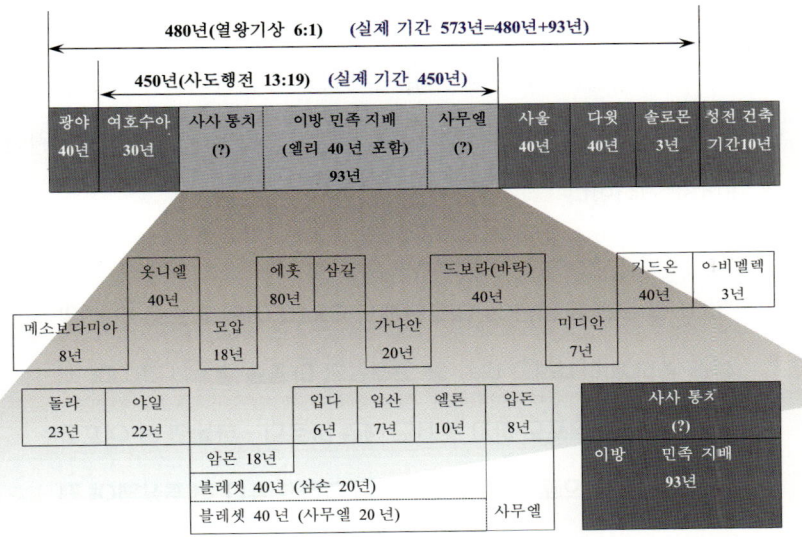

세 번째 70주(490년)는 성전 봉헌에서 예루살렘을 중건하라는 영이 나왔을 때까지의 기간이 되는데, 여기서도 바벨론 포로 기간 70년이 제외된 기간이므로 실제 기간은 490년+70년이 되어 560년이 된다.

그리고 네 번째 70주(490년)는 예루살렘을 중건하라는 영이 나왔을 때부터 천년왕국이 시작될 때까지인데, 이것이 다니엘에 기록된 말씀이다(단 9:24~27). 네 번째 70주(490년)는 현재 진행 중이다. 따라서 다니엘 9장의 말씀을 근거로 예루살렘을 중건하라는 영이 나왔을 때부터 거꾸로 역산하면 인류의 역사를 충분히 계산해 낼 수 있다.

예루살렘을 중건하라는 영

실제로 바벨론 포로 이후 예루살렘을 복원하라는 명령은 모두 네 번에 걸쳐 나왔는데, 그 첫 번째 칙령이 B.C. 536년 고레스 원년에 내려진 것이었다.

> "바사 왕 고레스 원년에 여호와께서 예레미야의 입으로 하신 말씀을 응하게 하시려고 바사 왕 고레스의 마음을 감동시키시매 저가 온 나라에 공포도 하고 조서도 내려 가로되… 하늘의 신 여호와께서 세상 만국으로 내게 주셨고 나를 명하사 유다 예루살렘에 전을 건축하라 하셨나니…"(스 1:1~4).

고레스 왕의 포고령은 역대하에서도 확인된다(대하 36:22~23). 그러나 이 포고령을 잘 읽어 보면, 예루살렘에 있는 여호와의 전을 건축하라고 했지 도성을 건축하라는 포고령은 아니다. 사로잡혀 갔다가 돌아온 백성의 수는 약 5만여 명이었고, 그들이 성전 재건을 시작한다(스 2:64~65). 그러나 성전 재건은 많은 방해를 받아 진척이 늦어진 것을 확인할 수 있다(스 4:4~6).

두 번째 칙령은 B.C. 519년 다리오 왕 2년에 내려졌다(스 6:1~12). 그런데 성전 재건 공사가 빠르게 진척되는 것을 보고 누가 그것을 허락하였는지 뒤늦게 문제 삼는 자들이 왕에게 편지를 보내어 고레스 왕에 의해 과연 칙령이 내려졌는지 조사해 달라고 요구함으로써 성전 재건 공사가 한때 방해를 받았다(스 5:1~17). 그런데 다리오 왕이 바벨론의 보물이 쌓여 있던 서고에서 고레스 왕의 칙령을 발견함으로써 그 명령이 사실이었음을 재확인해 준다. 그리고 다리오 왕 역시 조서를 내려 예루살렘에 하나님 전을 건축할 것을 명한다. 다리오 왕의 칙령에 의해 성전 공사는 빠르게 진척된다. 그래서 성전은 4년 뒤인 다리오 왕 6년 아달월 셋째 날 완공된다(B.C. 516. 2.21, 스 6:15).

세 번째 칙령은 B.C. 458년 바사 왕 아닥사스다에 의해 나왔다. 이 칙령은 에스라에게 건네준 왕의 편지에서 예루살렘 귀환을 허락하고, 제사장들과 레위인들을 데리고 가며, 자원하여 바치는 금과 은 및 제물을 가지고 가서 그 돈으로 수송아지라든지 숫양 및 어린양들을 사서 제단에 바치도록 했다(스 7:11~22). 또한 필요하다면 무엇이든 왕의 보물 창고에서 가져다 쓸 것을 허용하고 은 100달란트, 밀 100고르, 포도주 100밧, 기름 100밧 그리고 소금은 무한정 가져가도록 승인했다. 그러나 여기서도 도성의 복원과 재건에 대한 언급이 없다. 아닥사스다 왕의 칙령은 하나님의 계명들과 규례들을 맡은 서기관들에 의해 하나님의 율법이 하나님의 전에서 수행될 수 있기를 소원했던 에스라에게 보낸 편지였다.

네 번째 칙령은 바사 왕 아닥사스다 제20년 니산월에 왕의 포도

주를 맡은 관원인 느헤미야에게 내려졌다(느 2:1~8). 이 아닥사스다는 에스라 7장의 아닥사스다와 다른데, 역사책에서는 아닥세르세스 롱기마누스로 불린다. 제20년 니산월에 내려진 아닥세르세스 롱기마누스의 유명한 칙령 사본에는 B.C. 445년 3월 14일로 날짜가 찍혀 현재까지 보관되어 그 일자를 정확히 알 수 있게 하였다. 느헤미야에게 내려진 이 칙령이 다니엘 9장에 나오는 예루살렘을 중건하라는 명령이었다.

따라서 이 네 번째 칙령으로부터 이때까지 계산된 연도를 대입하여 계산하면 인류 기원 연대를 정확히 계산할 수 있다. 성경에 근거를 둔 인류 기원은 이렇게 계산된 것이다. 성경의 70주에 대해서는 클라렌스 라킨의 저서 《세대적 진리》에서 '성경의 70' 도표를 참조하였다.

미래를 예언한 다니엘의 70주

다니엘의 70주는 아담의 탄생 연도를 계산하는 기준이 되지만, 인류의 미래를 계산하는 기준도 된다. 예루살렘을 중건하라는 영이 나왔던 때부터 시작되는 다니엘의 70주의 내용을 보면, 69주(483년)가 되었을 때 왕이 일어날 것이고, 나머지 1주(7년)가 이스라엘을 위해 예비되었다고 설명하고 있다.

좀 더 자세하게 보면, 다니엘 9장에서 69주를 7주와 62주로 구분하여 기록하고 있는데(단 9:25~26), 처음 7주(49년간)는 예루살렘을 중건하라는 영이 나왔던 B.C. 445년부터 말라기를 끝으로 구약의 예언이 닫혔던 B.C. 396년과 일치한다. 그때부터 예수님이 나귀 새끼를 타고 예루살렘에 입성하는 A.D. 32년 4월 6일까지인 62주 동안(434년간) 침묵 기간이 된다. 여기서도 오류가 발견된다. B.C. 445년부터 483년이 지나면 A.D. 39년이 되어야 맞는데 예수님이 예루살렘을 입성한 때가 A.D. 32년이 되어 7년간의 오차가 발생하고 있다.

예언이 틀렸을까?

그럼 실제로 68주밖에 안 되는 날짜가 왜 69주로 예언되어 있는지 살펴보겠다.

우선 483년을 일수로 계산해 보겠다. B.C. 445년경에는 1년을 360일로 정했기 때문에 483년의 일수를 360일로 계산하겠다. 창세기의 노아 홍수에 대한 기록에서 5개월을 150일로 계산하고(창 7:11,14, 8:3~4), 에스더서에서 6개월에 걸친 날짜를 180일로 계산한 것(에 1:4)에서 알 수 있듯이, 성경에서는 1년을 360일로 계산했다. 또한 위에서 살펴본 바와 같이 B.C. 45년에 '율리우스력'이 제정되기 전까지 중동 지역에서도 1년을 360일로 계산했다. 그래서 483×360일=173,880일이 된다. 즉 다니엘의 69주에 해당하는 날짜는 173,880이다.

그럼 B.C. 445년 3월 14일과 A.D. 32년 4월 6일의 실제 날짜는 어떨까. 우선 두 연도를 제외한 총 연수는 444+31=475년이고, 날수로 계산하면 475×365일=173,375일이 된다. B.C. 445년 3월 14일부터 12월 31일까지의 총 날수는 18+30+31+30+31+31+30+31+30+31=293일이고, A.D. 32년 1월 1일부터 4월 6일까지의 총 날수는 31+28+31+6=96일이며, B.C. 445년부터 A.D. 32년까지 윤일은 천문력으로 116일이 된다{(445+32) / 4-(445+32) / 100+(445+32) / 400=116일}.

따라서 이 모든 날을 계산해보면 173,375+293+96+116=173,880이 되어 다니엘의 69주에 해당하는 날짜와 실제 날짜는 173,880일로 예언과 정확하게 일치한다.

다니엘의 70주 중 이제 마지막 1주가 남아 있는데, 그 69주와 1주 사이의 기간은 예수 그리스도의 신부인 교회를 모으기 위해 삽입된 기간이 된다. 성경은 교회 시대의 정확한 기간을 기록하지 않았다. 더구나 구약에서는 그 어느 누구도 삽입된 기간에 대해 알지 못했는데, 그것은 사탄 때문이었다. 인류 역사가 아담의 때로부터 약 7천 년이라면 교회를 세우기 위한 기간은 약 2천 년 정도가 된다. 교회 시대가 약 2천 년이라는 것은 그 외 다른 여러 성경 말씀과 유대인을 향한 예언이 성취된 진척으로도 가늠해 볼 수 있다. 교회 시대가 끝나면 교회는 휴거되고 유대인을 위한 마지막 1주(7년)가 기다리고 있다. 다니엘은 그 기간을 다시 전 3년 반과 후 3년 반으로 나눈다. 전 3년 반은 유대인과 적그리스도 간 거짓 평화가 오고, 후 3년 반은 유대인에게 큰 환난이 있을 거라 예언하고 있다.

그리고 적그리스도를 무저갱에 가두고 예수님은 신부인 교회와 함께 재림하여 천 년 동안 세상을 다스린다. 천 년이 지나면 다시 세상 백성이 반란을 일으키지만 모두 백보좌 심판을 받아 지옥으로 떨어지고 그 후에는 영원한 세상이 펼쳐진다.

성경을 근거로 계산한 연도의 검증

아담의 때로부터 모세가 창세기를 기록한 때를 감안해 보면 2,500년이 넘는다(적어도 모세가 80세 이후에 기록했을 터이므로). 이 2,500년 때문에 사람들은 창세기의 기록들 중에서 인간의 이성으로 이해하지 못할 부분에 대해서는 인정하려 들지 않는다. 하나님을 믿지 않는 자들은 문자도 없어 과거의 기록 자료도 없었을 텐데 모세가 어떻게 2,500여 년 전의 사건을 그렇게 소상히 알 수 있었을까 하고 의아해 한다.

그러나 성경에서 말씀한 나이가 맞으면 아담은 그의 9대손인 라멕의 때까지 살아 있었다. 라멕은 노아의 아들인 셈의 때까지 살아 있었으며, 셈은 야곱의 때까지 살아 있었다. 야곱이 애굽으로 이주할 때 그의 가족 중에는 레위의 아들인 고핫이 있었다(창 46:11). 그리고 고핫은 133세까지 살았으므로 모세의 때까지 살아 있었다. 따라서 아담의 탄생부터 모세가 성경을 기록했을 때까지는 약 2,500년간이지만, 아담, 라멕, 셈, 아브라함, 야곱, 고핫에 이르기까지 겨우 여섯 단계에 걸쳐 입에서 입으로 전달되어 비록 구전이라 하더라도 그 내용은 아주 정확하게 전달되었을 것이다. 아니 어쩌면 이때는 모세뿐 아니라 세상 모든 사람, 적어도 동방으로 왔던 셈의 후예만큼은 다 알고 있었다.

현존하는 문자 중 가장 오래된 문자는 중국 한자이다. 기록을 통하여 중국 한자의 탄생을 B.C. 2500년경으로 보고 있다. 성경에서 계산한 연대표를 보면 이때까지 셈이 생존해 있었다. 중국 한자를 만들 당시의 중국인들은 천지 창조로부터 노아 홍수까지에 대한 사실들을 소상히 알고 있었다. 때문에 처음 생길 때부터 지금까지 거의 변하지 않았던 중국 한자에는 그 모든 사실들이 그대로 반영되어 있다. 중국 한자가 어떻게 이러한 사실들을 반영했는지는 C. H. Kang이 지은 《한자에 담긴 창세기의 발견》(The Discovery of Genesis)이라는 책을 보면 소상히 알 수 있다.

성경은 바벨탑 사건 후에 하나님이 인류를 흩어 버리셨다고(창 11:9) 했으므로 중국인들도 바벨탑 이후에 지금의 땅으로 이주했다. 하나님은 인류를 흩으신 후에 벨렉의 때에 세상을 나누어 다시는 그들끼리 합치지 못하게 하셨다. 하나의 땅을 지금의 5대양 6대주로 나누신 것이다. 학교에서도 지구의 땅은 원래 하나였다고 가르친다. 다만, 판구조론을 내세우며 아주 오랜 세월 동안 천천히 분리되었다고 말하지만, 성경은 단번에 분리했다고 적고 있는 점이 다를 뿐이다(성경은 무엇이든지 단번에 이룬다고 말씀한다. 인간의 창조도 단번에 했고, 구원도 단번에 받는 것이다). 이 글 마지막에 있는 연대표를 보면 벨렉의 때(B.C. 2344~2105)와 고조선 건국의 때(B.C. 2333)가 일치하는 것을 볼 수 있다. 그렇게 보면 창세기의 연대는 확실히 검증된다. 세상에 흩어진 사람들이 이때쯤 그들의 나라를 세웠을 것이다.

사람들은 이때는 지구의 공전 주기가 빨랐던지 아니면 1년을 좀 빨리 계산했기 때문에 므두셀라가 969세를 산 것이라 생각한다. 그러나 앞에서 살펴본 것처럼 성경은 1달을 30일로 계산했고(창 7:11, 8:3~4), 1년을 12개월로 계산하여 1년을 360일로 산정했다(창 7:11, 8:14). 지금의 달력과는 $5\frac{1}{4}$일이라는 날짜 차이가 있지만 이것으로 969세라는 인간의 수명을 설명할 수는 없다. 인간이 그토록 오래 살 수 있었던 것은 노아 홍수와 관련이 있다. 왜냐하면 노아 홍수 이후 인간의 수명이 급작스럽게 짧아지기 때문이다

우리에게 향한 교훈

최초의 인간은 나무 열매만으로 살았고, 에덴동산에서 쫓겨났을 때 경작하여 밭의 채소를 식물로 삼았으며(창 3:18), 인간이 육식을 하게 된 것은 노아 홍수 이후였다(창 9:3). 최초로 하나님이 창조하셨을

때 모든 짐승은 식물로만 살았다고 하였다(창 1:29~30). 인간에게 육식을 허락한 이후로 짐승들에게도 이러한 육식이 허락되었을 것이다. 그러나 땅을 다시 회복할 때 이리와 양이 함께 먹고 사자가 짚을 씹을 것이라고 말하고 있어, 이 세상을 노아 홍수 이전으로 회복시킬 것이다(사 65:25).

노아 홍수는 엄청난 재앙이었다. 하늘의 궁창이 사라짐으로 인하여 우주에서 쏟아지는 온갖 해로운 광선을 온전히 막아 주지 못하여, 천년을 살았던 인간의 수명은 500세 이하로 줄어들었다. 그런데 벨렉의 때 또다시 화산과 지진으로 큰 지각 변동이 생겨 땅이 나뉘었고, 땅이 나뉠 때 올라온 화산재가 그나마 남아 있던 궁창의 수증기층을 손상시켜 인간의 수명은 또다시 200세로 감소하였고, 지금

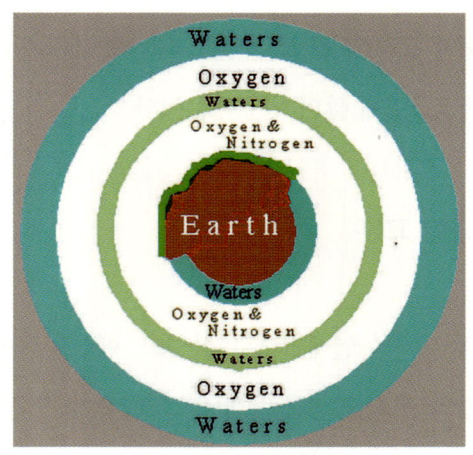

노아 홍수 이전의 지구

은 100세만 되어도 장수한다는 소리를 듣게 되었다.

그랬기 때문에 하나님은 될 수 있는 한 홍수를 통하여 인간을 멸하지 않기를 원하셨다. 궁창의 물이 사라지면 그동안 가꾼 지구의 생태계를 흔들어 놓아 방주로 구원받은 생명의 수명도 줄어들기 때문이었다. 그래서 에녹은 300년간 하나님과 동행하면서 사람들에게 경고하다가 365세에 하늘로 올라간다. 그가 낳은 아들은 므두셀라였는데, 므두셀라는 '그가 죽으면 올 것(심판)이 온다'라는 뜻이다. 창세기에는 하나님이 노아 홍수에 대하여 사람들에게 경고했다는 것은 나오지 않지만, 므두셀라라는 이름을 볼 때 에녹과 므두셀라, 라멕, 노아로 이어지는 천 년의 세월 동안 그들은 하나님의 심판에 대해 경고했을 것이다.

유다서에서도 에녹이 사람들에게 경고했다고 기록되어 있다(유 1:14~15). 지금 이 세상 사람들에게 하늘 위에 거대한 수증기층이 있었고 노아 홍수 때 그 수증기가 비로 쏟아졌다고 말하면 믿지 못하듯이, 그때까지 단 한 번도 비의 존재를 보지 못했던 인간들은 하늘 위에서 비가 내린다는 것을 믿을 수 없었을 것이다.

베드로는 노아 홍수에 대하여 이렇게 이야기했다.

> "이는 하늘이 옛적부터 있는 것과 땅이 물에서 나와 물로 성립한 것도 하나님의 말씀으로 된 것을 저희가 부러 잊으려 함이로다

이로 말미암아 그때 세상은 물의 넘침으로 멸망하였으되"(벧후 3:5~6).

므두셀라는 세상에서 가장 오래 산 사람이다. 여기에서 공의와 사랑을 간직한 하나님의 성품을 볼 수 있다. 하나님은 므두셀라라는 이름으로 죄악에 빠진 이 세상을 경고하며 에녹의 후손을 통해 천 년 동안 전도했다. 하나님은 므두셀라의 수명을 연장시키면서까지 천 년을 기다리셨다. 므두셀라가 969세(므두셀라는 187세에 라멕을 낳고, 라멕은 182년에 노아를 낳았으며, 노아 600세에 홍수가 있었으므로)에 죽었을 때 바로 홍수가 있었다. 베드로는 이러한 하나님의 성품을 잘 표현하고 있다. 이 말씀을 적으면서 이 글을 마치고자 한다.

"사랑하는 자들아 주께는 하루가 천 년 같고 천 년이 하루 같은 이 한 가지를 잊지 말라 주의 약속은 어떤 이의 더디다고 생각하는 것 같이 더딘 것이 아니라 오직 너희를 대하여 오래 참으사 아무도 멸망치 않고 다 회개하기에 이르기를 원하시느니라 그러나 주의 날이 도적같이 오리니 그날에는 하늘이 큰 소리로 떠나가고 체질이 뜨거운 불에 풀어지고 땅과 그중에 있는 모든 일이 드러나리로다 이 모든 것이 이렇게 풀어지리니 너희가 어떠한 사람이 되어야 마땅하뇨"(벧후 3:8~11).

인류의 기원과 종말에 대한 연대표

순번	성 명	득남 나이	죽은 나이	절대 탄생	절대 사망	탄생 년도	사망 년도	참조 성경	비 고
1	아담*	130	930	0	930	B.C. 4102	B.C. 3172	창 5:3~5	
2	셋	105	912	130	1042	B.C. 3972	B.C. 3060	창 5:6~8	
3	에노스	90	905	235	1140	B.C. 3867	B.C. 2962	창 5:9~11	
4	게난	70	910	325	1235	B.C. 3777	B.C. 2867	창 5:12~14	
5	마할랄렐	65	895	395	1290	B.C. 3707	B.C. 2812	창 5:15~17	
6	야렛	162	962	460	1422	B.C. 3642	B.C. 2680	창 5:18~20	
7	에녹	65	365	622	987	B.C. 3480	B.C. 3115	창 5:21~24	
8	므두셀라	187	969	687	1656	B.C. 3415	B.C. 2446	창 5:25~27	죽은 해 홍수
9	라멕*	182	777	874	1651	B.C. 3228	B.C. 2451	창 5:28~31	
10	노아	503	950	1056	2006	B.C. 3046	B.C. 2096	창 5:32,11:10	600세 홍수
11	셈*	100	600	1559	2159	B.C. 2543	B.C. 1943	창 11:10~11	
12	아르박삿	35	438	1659	2097	B.C. 2443	B.C. 2005	창 11:12~13	
13	셀라	30	433	1694	2127	B.C. 2408	B.C. 1975	창 11:14~15	
14	에벨	34	464	1724	2188	B.C. 2378	B.C. 1914	창 11:16~17	
15	벨렉	30	239	1758	1997	B.C. 2344	B.C. 2105	창 11:18~19	
16	르우	32	239	1788	2027	B.C. 2314	B.C. 2075	창 11:20~21	

성경에 근거한 인류의 기원과 종말에 대한 연대 측정

17	스룩	30	230	1820	2050	B.C. 2282	B.C. 2052	창 11:22~23	
18	나홀	29	148	1850	1998	B.C. 2252	B.C. 2104	창 11:24~25	
19	데라	130	205	1879	2084	B.C. 2223	B.C. 2018	창 11:26,31~32, 12:4	
20	아브라함*	100	175	2009	2184	B.C. 2093	B.C. 1918	창 21:5, 25:7	
21	이삭	60	180	2109	2289	B.C. 1993	B.C. 1813	창 25:26, 35:28~29	
22	야곱*	87	147	2169	2316	B.C. 1933	B.C. 1786	창 47:28	130세 애굽행
23	레위	40	137	2256	2393	B.C. 1846	B.C. 1709	출 6:16	215년간 애굽
24	고핫*	69	133	2296	2429	B.C. 1806	B.C. 1673	출 6:18	
25	아므람	69	137	2365	2502	B.C. 1737	B.C. 1600	출 6:20	
26	모세*	80	120	2434	2554	B.C. 1668	B.C. 1548	신 34:7	80세 출애굽
27	성전 건축	583	583	2514	3097	B.C. 1588	B.C. 1005	출애굽부터 성전 봉헌까지 기간	
28	성전 재건	560	560	3097	3657	B.C. 1005	B.C. 445	성전 봉헌부터 성전 재건까지 기간	
29	예언 끊김	49	49	3657	3706	B.C. 445	B.C. 396	성전 재건부터 예언 끊김까지 기간	
30	예수 부활	428	434	3706	4140	B.C. 396	A.D. 32	예언 끊김부터 예수 부활까지 기간	
31	이방인 때	2000	2000	4134	6134	A.D. 32	AD 2032	정확하게 2천 년이 아님	
32	7년 환난	7	7	6134	6141	AD 2032	AD 2039	7년 대환난 기간	
33	천년왕국	1000	1000	6141	7141	AD 2039	AD 3039	천년왕국 기간	
34	영원 세상		∞	∞	∞	∞	∞		

* 표시는 역사의 전달자를 의미함, 붉은색은 추정 숫자임

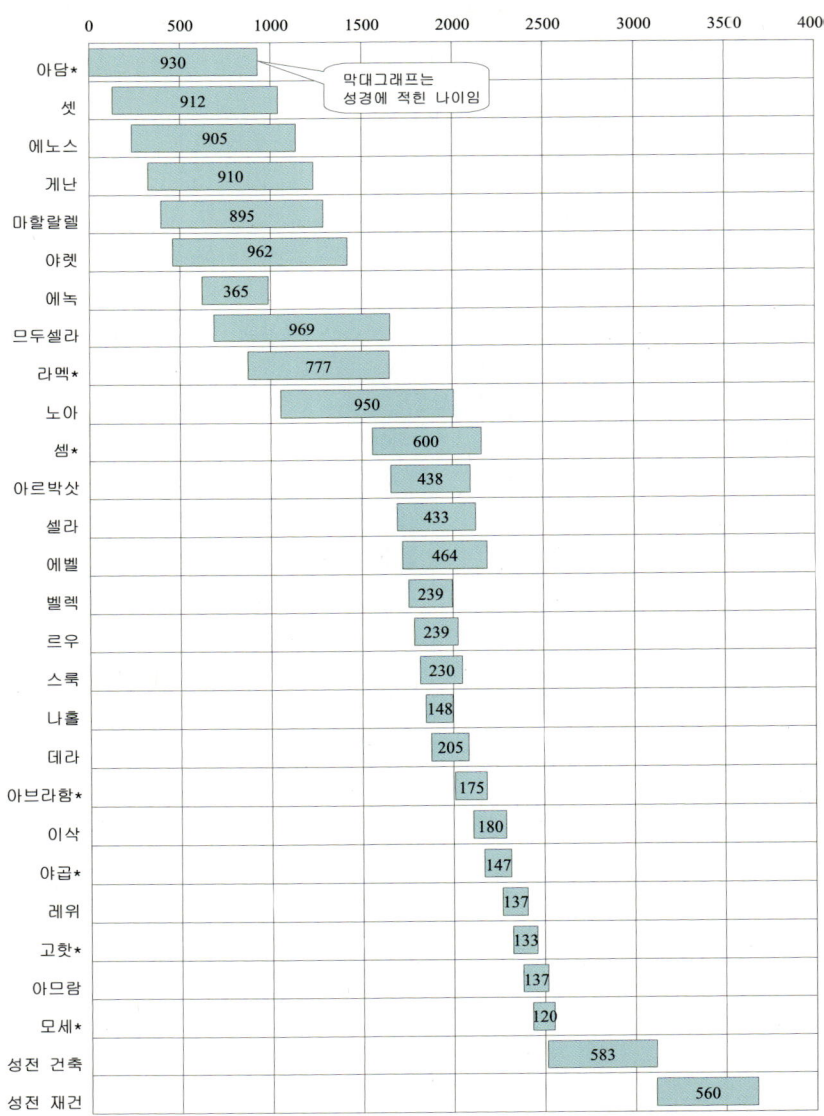

성경에 근거한 인류의 기원과 종말에 대한 연대 측정

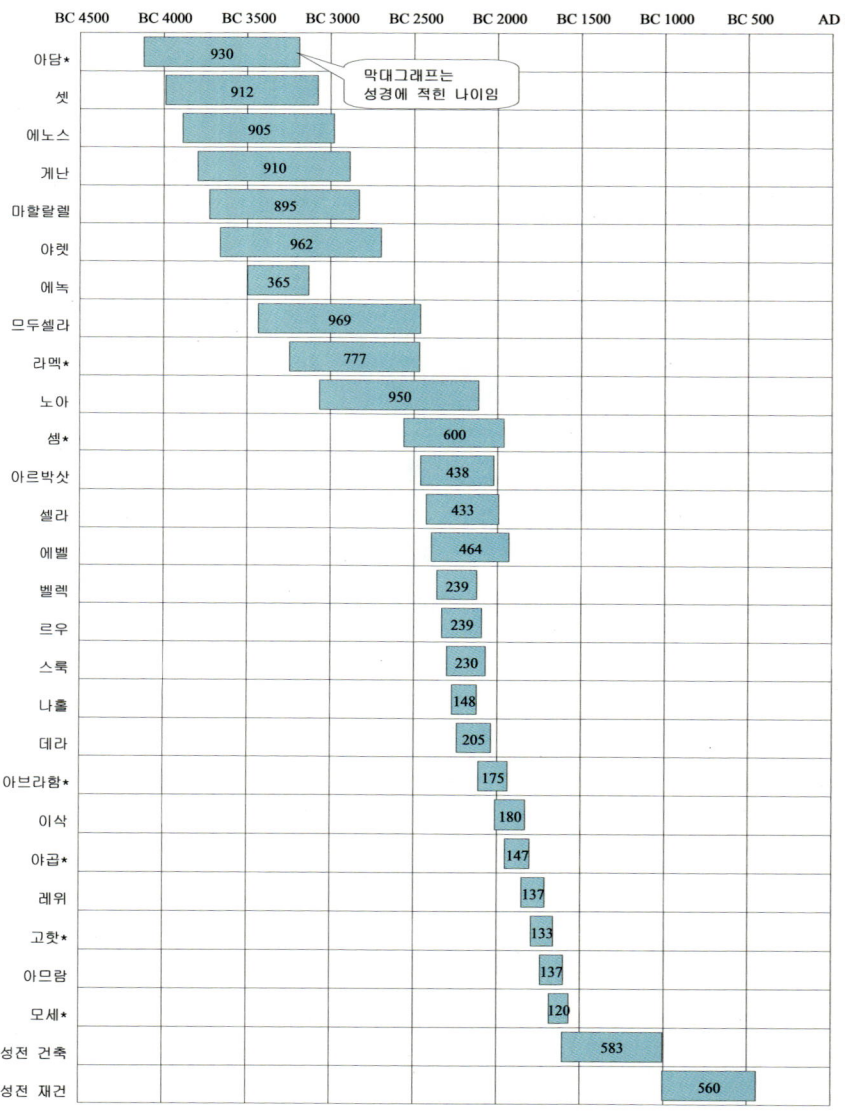

네 번에 걸친 이스라엘 민족의 70주

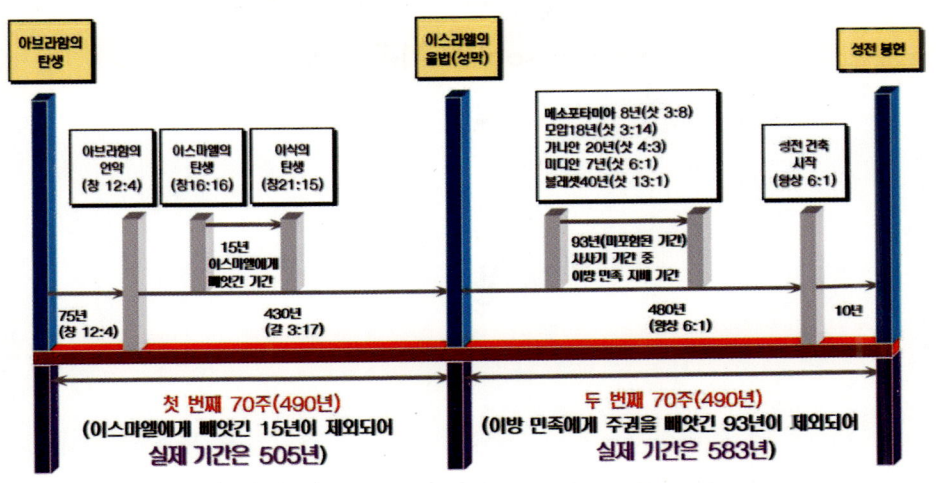

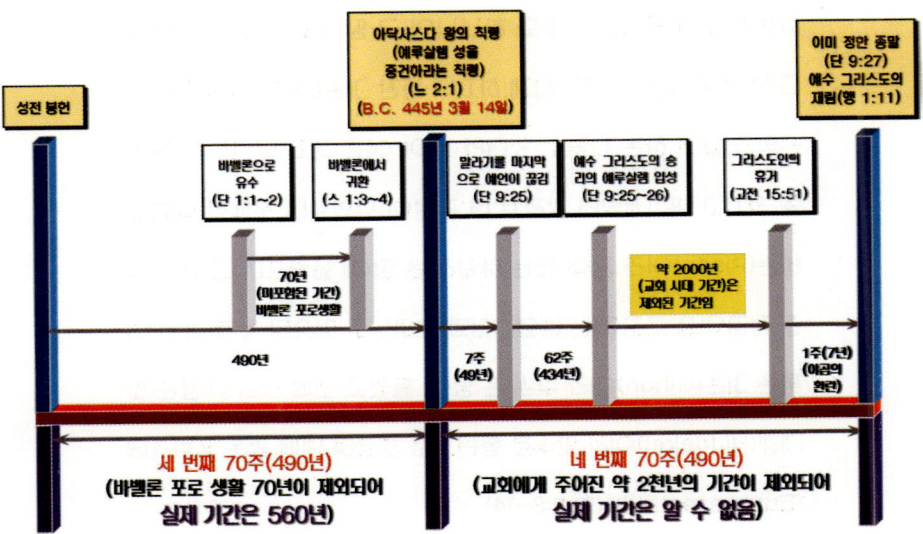

성경에 근거한 인류의 기원과 종말에 대한 연대 측정

에덴동산과 잃어버린 두 강
- 비손(Pison)과 기혼(Gihon)

"여호와 하나님이 동방의 에덴에 동산을 창설하시고 그 지으신 사람을 거기 두시고 여호와 하나님이 그 땅에서 보기에 아름답고 먹기에 좋은 나무가 나게 하시니 동산 가운데에는 생명나무와 선악을 알게 하는 나무도 있더라 강이 에덴에서 발원하여 동산을 적시고 거기서부터 갈라져 네 근원이 되었으니 첫째의 이름은 비손(Pison)이라 금이 있는 하윌라 온 땅에 둘렸으며 그 땅의 금은 정금이요 그곳에는 베델리엄과 호마노도 있으며 둘째 강의 이름은 기혼(Gihon)이라 구스 온 땅에 둘렸고 셋째 강의 이름은 힛데겔(Hiddekel)이라 앗수르 동편으로 흐르며 넷째 강은 유브라데(Euphrates)더라"(창 2:8~14).

위의 말씀은 하나님이 창설하신 에덴동산에 대한 위치를 설명해 주는 기록이다.

에덴동산이 과연 실제로 존재했었는가에 대해서는 더 이상 논란의 대상이 되지 않는다. 그러나 그 위치에 대해서는 아직도 기독교 내에서 많은 논란이 있는 것 같다. 그냥 심증으로 예루살렘이라고 말하는 사람도 있고, 아라랏산이라고 말하는 사람들도 있다. 그들의 이야기를 들어 보면 나름대로 그럴 듯한 논리를 전개하고 있지만, 무엇보다 정확한 근거는 성경에 있기에 그 논란에 휩싸이지 않기 위해서는 성경으로 대조해야 할 것이다.

우선 많은 사람들이 오해하는 것이 있는데, 에덴과 하나님이 창설하신 동산을 동일시하는 것이다. 킹제임스 성경에는 다음과 같이 기록되어 있다.

> "And the LORD God planted a garden eastward in Eden; and there he put the man whom he had formed"(창 2:8, 하나님께서 에덴의 동쪽에 동산을 만드시고, 그곳에 그가 만든 사람을 두셨느니라).

즉 에덴이라는 땅이 있는데 그 동쪽 지역에 하나님이 창설하신 동산이 있었다는 것이다. 에덴에 대해서는 성경에 그 위치를 정확히 기록하지 않아 어디인지 알 수 없다. 성경 다른 곳에서 에덴의 위치가 언급된 것은 유다 왕 히스기야를 치러 온 앗수르 왕 산헤립에 의해서였다. 이때 산헤립은 구스 왕 디르하가와의 싸움에 대비하여 히스기야에게 항복을 요청하는 서신을 사신 편에 보냈는데, 앗수르의 열왕들이 멸망시킨 나라들을 열거하면서 에덴을 언급하였다.

"내 열조가 멸하신 열방 곧 고산과 하란과 레셉과 들라살에 있는 에덴 족속을 그 나라의 신들이 건졌느냐"(왕하 19:12).

위의 내용으로 보면 에덴은 그 땅이 매우 컸다는 것을 알 수 있는데 이 말씀만으로 그 위치를 정확히 알기 어렵다. 그래서 먼저 하나님이 에덴의 동쪽 지역에 창설하신 동산부터 찾아보고, 에덴에 대해서는 뒤에서 언급하도록 하겠다.

동산에 대해서는 창세기 2장에 그 위치가 정확히 나와 있다(창 2:10-14). 성경에는 강이 에덴(의 동쪽 지역)에서부터 발원하여 동산을 적시고 거기서 네 근원이 되었다고 기록하고 있다. 그러면서 네 근원이 되는 강의 이름을 언급한다. 첫째 강은 비손(Pison)이고, 둘째 강은 기혼(Gihon), 셋째 강은 힛데겔(Hiddekel, Tigris), 넷째 강은 유브라데(Euphrates)라고 기록하고 있다. 셋째 강과 넷째 강은 지금도 지도상에서 쉽게 찾아볼 수 있으므로, 그 두 강이 만나는 곳을 찾아보면 하나님이 창설하신 동산을 어림잡아 짐작할 수 있다. 실제로 두 강은 이라크 쿠르나(Al Qurna) 지역에서 하나로 합쳐져 페르시아만으로 흘러 들어간다. 또한 성경에 기록된 대로 티그리스강은 앗수르 동편에서 흐르고 있기 때문에 성경의 기록과도 정확히 일치한다. 다만 성경의 기록과 다른 점은 물이 흐르는 방향이 성경의 기록과 반대라는 것뿐이다(강의 흐름이 성경의 기록과 반대인 것은 뒤에서 살펴보겠다).

단 2개의 강만 가지고도 그 위치를 파악할 수 있지만, 2개의 강이 있으면 반드시 나머지 2개의 강의 흔적도 찾을 수 있어야만 성경의 기록이 완벽하다고 믿을 수 있다.

그러면 첫째 강인 비손을 찾아보자.

> "첫째의 이름은 비손(Pison)이라 금이 있는 하윌라(Havilah) 온 땅에 둘렸으며 그 땅의 금(gold)은 정금이요 그곳에는 베델리엄(bdellium)과 호마노(onyx stone)도 있으며"(창 2:12).

비손이 어디에 있는지 알려면 하윌라가 어디인지 알아야만 한다. 그곳에서 아주 좋은 정금이 나오고 베델리엄과 호마노가 나온다고 했으므로 그 땅을 찾으면 자연스럽게 비손강도 찾을 수 있을 것이다. 국어사전에 베델리엄은 "몰약같이 나무에서 뽑아 향료로 쓰는 고무수지"라고 하였다. 따라서 나무에서 뽑는 향료의 일종으로 보인다.

베델리엄(bdellium)

하윌라에 대해서는 성경 여러 곳에 기록되어 있다.

우선 노아 홍수 이후 함의 아들 중 구스가 있고, 구스의 아들 중에 하윌라(Havilah)가 나온다(창 10:6~7). 다음으로 셈의 후손 중에 그 이름이 언급된다. 땅이 나뉘었을 때 에벨은 벨렉과 욕단을 낳았는데, 벨렉은 아브라함의 선조가 되고, 둘째 아들인 욕단은 아라비아인의 선조가 된다. 그 욕단의 아들 중에 오빌(Ophir)과 하윌라(Havilah)가 나온다(창 10:25,29). 고대에는 족장들이 거했던 땅에 그들의 이름을 붙였기 때문에 이름으로 지명을 확인할 수 있다.

위의 말씀 중 욕단의 아들에 대해 기록한 말씀을 눈여겨볼 필요가 있다. 왜냐하면 후일 솔로몬 왕은 에시온게벨(아카바)에서 배를 띄워 오빌(Ophir)로부터 많은 금을 가져와 성전을 건축했기 때문이다(왕상 10:11; 대하 8:17~18). 그뿐만 아니라 오빌의 금은 성경 여러 곳에 언급될 만큼 아주 유명했다(왕상 9:28; 대상 29:4; 대하 9:10; 욥 22:24, 28:16; 시 45:9; 사 13:12 등). 따라서 이 모든 성경을 종합해 볼 때 하윌라와 오빌은 가까운 위치에 있었으며, 두 곳 모두 금과 관련이 있는 지명임에 틀림없다.

금에 대한 역사를 기록한 고대 문헌을 살펴보던 중 사우디아라비

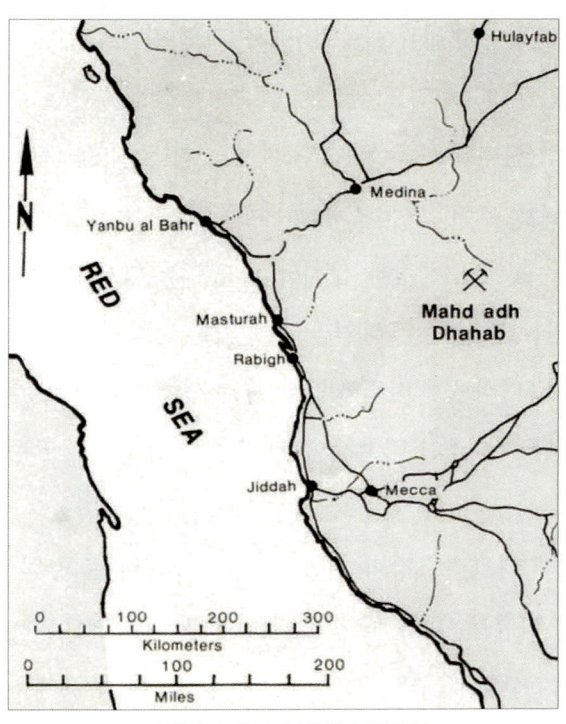

오빌(마드 아드 다하브) 추정 위치

아의 마드 아드 다하브(Mahd adh Dhahab)라는 지명을 발견했다. 이 지명을 번역하면 '금의 요람'(the Cradle of Gold)이라는 뜻인데, 고대로부터 아주 질 좋은 정금이 생산된 지역이었다.

실제로 B.C. 3000년경부터 이곳에서 금 채취가 이루어졌기에 '금의 요람'이라는 지명을 얻었고, 기록상으로도 세계 최초의 금광이라 부른다. 솔로몬 왕 때 이곳에서 금을 채취하여 이스라엘로 보냈기 때문에 솔로몬의 금광이라고 불렀다고 한다. 최근에는 사우디아라비아 정부에 의해 복원되어 현대식 채굴이 이루어지고 있다. 그런데 이곳에서는 금뿐만 아니라 베델리엄도 생산되고 있어 성경에 기록된 하윌라 땅이라는 신빙성을 더해 주고 있다. 또한 인근의 라빅(Rabigh)이 고대로부터 유명한 무역항이었으므로 솔로몬 왕이 에시온게벨에서 이곳으로 배를 띄웠을 것이다. 성경에 '하윌라 온 땅'이라 했으므로 하윌라는 좀 더 넓은 지역이고, 오빌은 하윌라 안에 있는 특정 지명일 것이다. 따라서 마드 아드 다하브가 하윌라 땅에 있는 오빌이었을 것이다.

이제는 이곳에 과연 비손강이라 할 만한 강줄기가 있는가만 살피면 된다.

이라크의 티그리스강과 유브라데강이 만나는 곳인 쿠르나(Al Qurna)에서 하류로 약 60km정도 내려가면 바스라(Al Basrah)가 나오고 그 하류 쪽에 사프완(Safwan)이 나오는데, 이 부근에서부터 마드 아드 다하브까지 마른 강줄기가 뻗어 있는 것을 확인할 수 있다. 이 강줄기 중 나후드 사막(Nafud Desert)을 중심으로 사프완 쪽은 와디 바틴(Wadi Batin)이라 부르고, 마드 아드 다하브 쪽은 와디 리마(Wadi Rimah)라고 부른다. 아랍 사람들은 비가 오면 강이 되는 마른 강을 와디(Wadi)라고 부르는데, 이곳의 지형을 살펴보면 오래전에 물이 흘렀다는 것을 확인할 수 있다. 지금도 이 와디를 따라 푸른 목초지가 형성되어 있어 사막밖에 없는 사우디아라비아에 비옥한 땅을 제공해 주고 있다. 따라서 이 모든 것을 종합해 보면 성경에 기록된 비손강은 와디 바틴과 와디 리마라는 것이 증명된다.

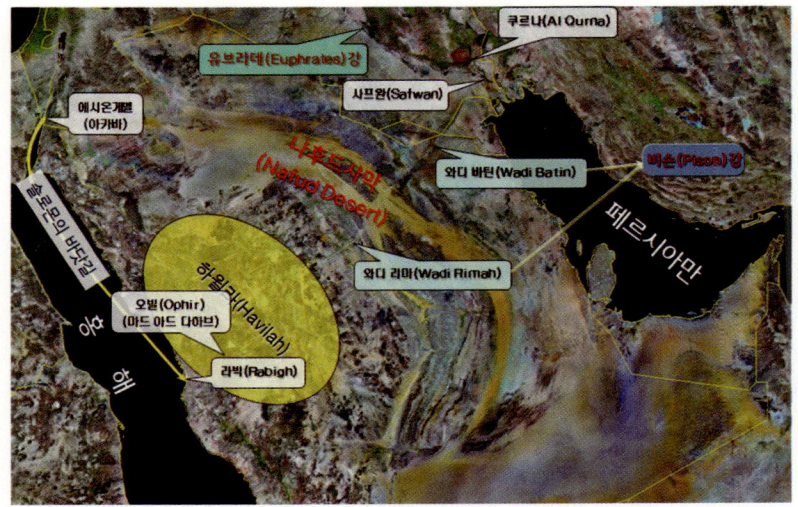

비손강의 위치

이제 두 번째 강 기혼(Gihon)의 위치를 찾아보자.

"둘째 강의 이름은 기혼(Gihon)이라 구스(Cush) 온 땅에 둘렸고"(창 2:13).

비손강은 그 위치에 대해 성경에 아주 자세히 기록되어 있기 때문에 조금만 노력을 기울이면 쉽게 그 위치를 찾을 수 있으나, 기혼강과 관련된 지명은 구스(Cush)만 언급되어 그 위치를 쉽게 찾을 수 없다.

성경 여러 곳에 기혼(Gihon)이라는 지명이 나오는데, 예루살렘 밖 골짜기에 기혼의 샘이 있다고 기록하고 있다(왕상 1장; 대하 32, 33장). 그래서 어떤 학자들은 여기서부터 시작하여 요단, 사해, 홍해, 에티오피아, 콩고로 이어지는 대지구대(Great Rift Valley)가 기혼강이라고 이야기하기도 한다. 성경에 기혼강이 에티오피아의 옛 명칭인 구스(Cush) 온 땅에 둘렀다고 말하기 때문이다. 그러나 예루살렘과 쿠르나(또는 바스라)는 너무 멀리 떨어져 있어 예루살렘에 있는 샘이 기혼강이 될 수 없다(기혼의 샘이 있고, 유브라데강과 티그리스강의 상류가 멀리 떨어져 있지 않기 때문에 일부 사람들은 하나님의 동산이 예루살렘이었다고 말하는 것이다).

다시 성경의 기록으로 돌아가 구스(Cush)가 누구인지를 먼저 살펴봐야 한다. 구스(Cush)를 지금의 에티오피아(Ethiopia)라고 말하는데, 성경의 기록을 아무리 살펴봐도 구스가 지금의 에티오피아와는 너무 동떨어져 있다는 것을 확인할 수 있다. 구스는 함의 아들로 매우 중요한 위치에 있었던 사람이다. 왜냐하면 구스의 아들인 니므롯에 의해 바벨탑이 세워졌고 이로 인해 사람들이 흩어졌기 때문이다. 따라서 구스 사람은 메소보다미아 지방 동쪽 어느 곳에 정착하여 살았던 족속으로, 아라비아와 매우 가깝게 있었던 것으로 보인다.

"여호와께서 블레셋 사람과 구스에서 가까운 아라비아 사람의 마음을 격동시키사 여호람을 치게 하셨으므로"(대하 21:16).

그 외에도 구스 사람이 이스라엘 왕조 시대의 기록에 여러 번 언급된 것을 볼 때, 이들은 이스라엘 땅에서 멀리 떨어지지 않은 지역에 살았던 사람들이었다. 따라서 구스 땅은 구스의 후손이 세웠던 땅으로 후세에 엘름 또는 수사로 불렸던 지금의 페르시아 지역인 것으로 보인다. 이곳 페르시아 땅에 고대 구스인이 세웠던 국가로 카사이트(Kassite) 또는 카슈(Kassu)라는 나라가 있었다. 카슈가 성경에서 구스로 불린 것이다.

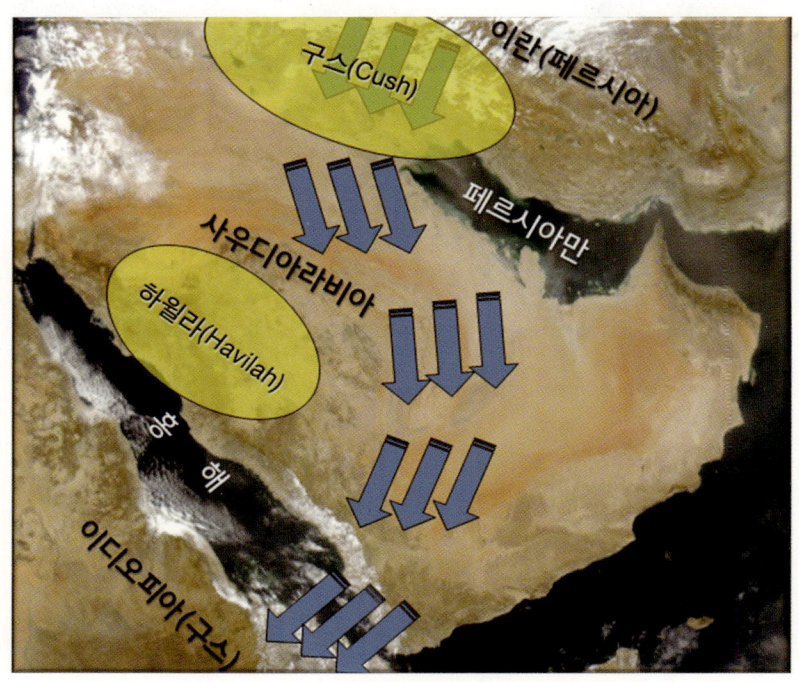

성경에 의한 구스인의 이동 추측 경로

에덴동산과 잃어버린 두 강 - 비손(Pison)과 기혼(Gihon)

카룬강의 다리

　노아 홍수 이후 캅카스산맥 인근에 살았던 아리아인(야벳족) 중 일부가 카슈인을 몰아내고 그 땅을 차지한다. 그들이 페르시아인인데, 모습이 아랍인이 아니라 유럽인에 가깝다. 현대에 들어와 그들은 그 땅을 페르시아에서 '아리아인의 땅'이라는 뜻을 간직한 이란으로 국가명을 바꾸었다. 즉 그들은 페르시아라는 명칭이 더 보편적임에도 불구하고, 아리아인(야벳족)의 조상이라는 자부심을 더 많이 간직하고 있다. 이처럼 페르시아인은 주변과 다른 인종이며, 언어도 아랍어가 아닌 페르시아어를 사용한다. 비록 지금은 주변 아랍과 동화되어 이슬람교를 믿지만, 과거엔 조로아스터교를 믿었다. 조로아스터교의 영향 때문인지는 모르겠으나, 이슬람을 믿는 대다수의 국가들이 수니파인데 반해 이란은 신비주의 성격이 강한 시아파가 절대다수를 차지하여 지금도 주변국과 끊임없이 마찰을 빚고 있다.

구스인은 검은 피부를 가졌고, 아리아인에 쫓겨 바다를 건너 아프리카로 갔던 것 같다. 왜냐하면 구스인의 피부는 검었고(렘 13:23), 그들이 갈대 배를 타고 강을 건너갈 것이라고 예언하고 있기 때문이다(사 18장). 홍해가 갈대와 연관이 있고, 아라비아반도의 예멘이 에티오피아와 바라볼 수 있을 정도로 붙어 있어, 구스인은 메소보다미아 동쪽 지역에서 시작하여 아라비아반도 남단을 통과하여 아프리카로 이동했던 것으로 보인다. 즉 카슈(Kassu)인이 아리아인(페르시아인)에 밀려 홍해를 건너 아프리카로 이주했던 것이다. 중세까지도 이 민족의 침략에 따라 민족의 대이동은 끊임없이 있어 왔다. 투르크족이 이동하여 지금의 아나톨리아 반도를 차지했고, 훈족의 이동에 따라 게르만족이 이동했고, 그로 인하여 로마제국의 멸망을 초래한 것처럼, 구스인도 아리아인의 이동에 따라 아프리카로 이동했다.

그런데 페르시아만으로 흐르는 강줄기 중 북쪽으로부터 바스라(Al Basrah) 남쪽 코람사르(Khorramshahr)로 흘러 드는 강이 있다. 카룬(Karun)강이라 불리는 이 강은 이란 땅에서 흘러 코람사르에서 유브라데강과 티그리스강이 합쳐진 강줄기(이 강을 유브라데강이라 부르며, 와디 바틴, 카룬강, 티그리스강은 유브라데강에서 갈라진 지류라 부른다)와 만난다. 카룬강이 기혼강일 가능성이 높은 이유는, 이 강이 매우 구불구불하여 이란 서쪽 땅 전체를 적시고 있어 구스 온 땅을 둘렀다는 말씀을 입증하고 있기 때문이다. 즉 실제 강의 크기는 300km도 안 되는데, 매우 구불구불하여 그 길이가 무려 820km나 된다.

이로써 동산을 적시고 흘렀던 물은 비손강을 시작으로 기혼강, 힛데겔강, 유브라데강이 하나의 근원에서 사방으로 뻗어나가고 있어

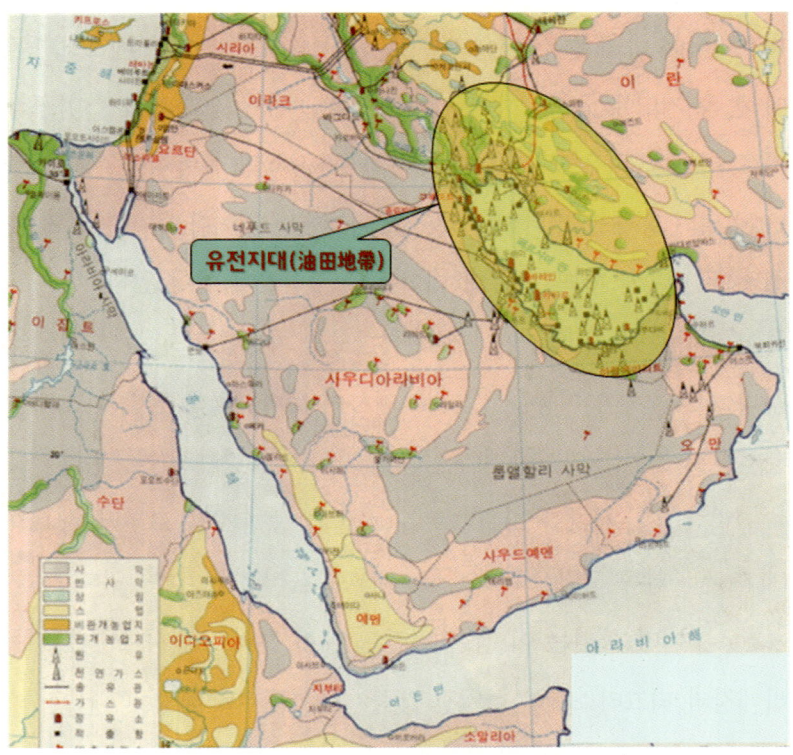

급격한 침강 작용에 의해 에덴동산이 가라앉았다는 증거

성경의 기록과도 정확히 일치하고 있다.

　성경의 기록은 그 어떤 자료보다 정확하기 때문에 이처럼 자세히 연구하면 창세기에 기록된 네 강의 존재를 정확히 파악할 수 있다. 따라서 하나님이 창설하신 동산이 페르시아만에 실존했다는 것이 자동적으로 증명된다.

　성경에는 강이 동산을 적시고 흐르다가 네 근원이 되었다고 했는데, 현재 강이 반대로 흐르는 것은 페르시아만이 침강 작용에 의해 땅속으로 들어갔기 때문이다. 동산이 침강 작용에 의해 가라앉았다는 것은 아래의 성경에 기록되어 있다.

"나 주 여호와가 말하노라 그가 음부에 내려가던 날에 내가 그를 위하여 애곡하게 하며 깊은 바다를 덮으며 모든 강을 쉬게 하며 큰 물을 그치게 하고 레바논으로 그를 위하여 애곡하게 하며 들의 모든 나무로 그로 인하여 쇠잔하게 하였느니라 내가 그로 구덩이에 내려가는 자와 함께 음부에 떨어뜨리던 때에 열국으로 그 떨어지는 소리를 인하여 진동하게 하였고 물 대임을 받은 에덴의 모든 나무 곧 레바논의 뛰어나고 아름다운 나무들로 지하에서 위로를 받게 하였느니라 그러나 그들도 그와 함께 음부에 내려 칼에 살륙을 당한 자에게 이르렀나니 그들은 옛적에 그의 팔이 된 자요 열국 중에서 그 그늘 아래 거하던 자니라 너의 영화와 광대함이 에덴 모든 나무 중에 어떤 것과 같은고 그러나 네가 에덴 나무와 함께 지하에 내려갈 것이요 거기서 할례 받지 못하고 칼에 살륙 당한 자 중에 누우리라 이들은 바로와 그 모든 군대니라 나 주 여호와의 말이니라 하라"(겔 31:15~18).

에덴동산이 페르시아만에 있었다는 것은 그곳에 묻힌 석유 자원으로도 검증할 수 있다. 석유는 동식물이 짧은 기간에 강한 압력을 받았을 때 생성되는 지하자원이다. 페르시아만과 인접한 사우디아라비아, 이란, 이라크, 쿠웨이트, 아랍에미리트 등 페르시아만 연안국에 매장된 석유의 양이 전세계 지하에 있는 석유 매장량의 65%를 차지한다고 하니, 과거 이곳에 얼마나 많은 동식물이 있었으며 그래서 하나님이 만드신 동산이 얼마나 아름다운 곳이었는지 알려주고 있다. 에덴동산의 동식물이 아무리 많았더라도 서서히 퇴적 작용이 일어났으면 절대로 석유 자원이 될 수 없다. 따라서 이처럼 이곳에 석유가 많이 매장되어 있는 것은 성경의 내용처럼 급격한 침강 작용에 의해 수많은 동식물이 지하로 내려가 강한 압력을 받았기 때문이라고 보아야 한다.

이제 마지막으로 에덴(Eden)을 살펴보겠다. 성경의 여러 가지 정황으로 봤을 때, 에덴은 아브라함에게 약속하신 땅일 가능성이 크다. 하나님은 아브라함을 가나안으로 이끌어 모든 믿는 사람의 조상이 되게 하셨고, 그의 후손이 애굽강에서부터 그 큰 강 유브라데까지 차지할 것이라고 하셨다(창 15:18). 그에게 약속한 애굽강에서 메소보다미아까지의 땅에 대한 통치력이 솔로몬 왕 때 처음으로 미쳤다. 성경은 단지 하나님과의 관계만 기록한 책이기 때문에 솔로몬의 업적과 통치 영역이 얼마나 컸는지 정확히 기록하지 않았지만, 시나이반도와 아라비아반도에 남아 있는 여러 전승과 유적들을 보면 그 당

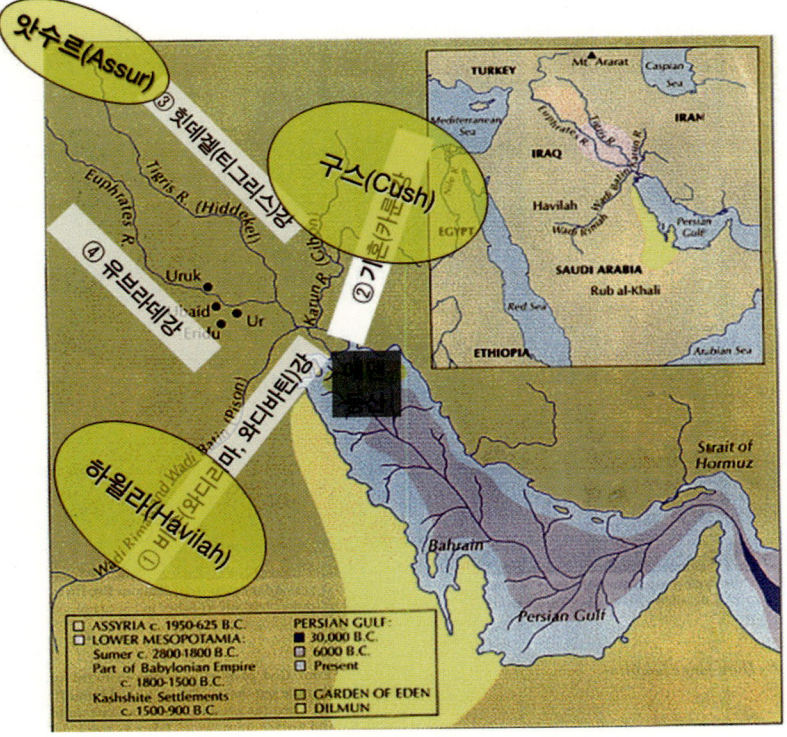

에덴동산과 네 강

에덴동산과 잃어버린 두 강 - 비손(Pison)과 기혼(Gihon)

시 솔로몬의 영향력은 대단히 컸다는 것을 알 수 있다. 아직도 아랍 사람들의 지명과 이름 속에 '술레이만'이 남아 있어 그의 영향력을 짐작하게 한다.

　솔로몬은 애굽 땅인 시나이반도와 아라비아반도 홍해변 두 곳에 출애굽을 기념하여 홍해 횡단 기념 기둥을 세웠고, 아라비아 땅 여러 곳에 자신의 별장을 두어 아랍 사람들의 입에 오르내리고 있다. 또한 지금도 마드 아드 다하브의 금광을 솔로몬의 금광이라 부를 정도로 그는 시대를 초월하여 많은 사람들의 기억 속에 자리잡고 있다. 그러나 그 영광은 솔로몬이 죽자 사그라졌다. 솔로몬은 예수 그리스도께서 다스릴 천년왕국의 그림자였다. 훗날 천년왕국이 되면 그 땅에 다시 한번 성전이 세워지고, 아브라함에게 하신 약속이 온전히 이루어질 것이다.

에덴동산에 흘렀던 네 강을 통해 바라본 하나님과 인간의 관계

"강이 에덴에서 발원하여 동산을 적시고 거기서부터 갈라져 네 근원이 되었으니 첫째의 이름은 비손이라 금이 있는 하윌라 온 땅에 둘렸으며 그 땅의 금은 정금이요 그곳에는 베델리엄과 호마노도 있으며 둘째 강의 이름은 기혼이라 구스 온 땅에 둘렸고 셋째 강의 이름은 힛데겔이라 앗수르 동편으로 흐르며 넷째 강은 유브라데더라"(창 2:10~14).

하나님은 에덴동산을 창설하시고, 그곳에 보기에 아름답고 먹기에 좋은 각종 나무가 나게 하셨으며, 생명나무와 선과 악의 지식 나무(선악을 알게 하는 나무)도 두셨다. 네 강이 에덴에서 발원하여 흘렀는데, 여기에는 하나님과 인간의 관계에 대한 놀라운 비밀이 숨겨져 있다.

그 비밀을 더듬어 보기 전에 먼저 하나님이 생명의 물에 대해 얼마나 큰 관심을 가지고 계신지 살펴보겠다. 왜냐하면 성경의 메시지가 생명에 대한 이야기이고, 그 생명은 생명수가 있어야 가능하기 때문이다. 또한 성경에서 말하는 생명의 물에 대한 것을 알고 있어야 네 강 속에 담긴 하나님과 인간의 관계를 이해할 수 있다.

에덴동산에서 발원하여 흘렀던 네 강은 만물을 소성시키는 생명수였다. 그것은 네 강의 이름에 담긴 뜻으로도 확인할 수 있고, 성경의 여러 말씀으로도 확인할 수 있다.

"너희 목마른 자들아 물로 나아오라 돈 없는 자도 오라 너희는 와서 사 먹되 돈 없이, 값없이 와서 포도주와 젖을 사라"(사 55:1).

"내가 주는 물을 먹는 자는 영원히 목마르지 아니하리니 나의 주는 물은 그 속에서 영생하도록 솟아나는 샘물이 되리라"(요 4:14).

"그가 내게 이르시되 이 물이 동방으로 향하여 흘러 아라바로 내려가서 바다에 이르리니 이 흘러내리는 물로 그 바다의 물이 소성함을 얻을지라 이 강물이 이르는 곳마다 번성하는 모든 생물이 살고 또 고기가 심히 많으리니 이 물이 흘러들어 가므로 바닷물이 소성함을 얻겠고 이 강이 이르는 각처에 모든 것이 살 것이며 또

이 강가에 어부가 설 것이니 엔게디에서부터 에네글라임까지 그 물 치는 곳이 될 것이라 그 고기가 각기 종류를 따라 큰 바다의 고기 같이 심히 많으려니와 그 진펄과 개펄은 소성되지 못하고 소금 땅이 될 것이며 강 좌우 가에는 각종 먹을 실과나무가 자라서 그 잎이 시들지 아니하며 실과가 끊치지 아니하고 달마다 새 실과를 맺으리니 그 물이 성소로 말미암아 나옴이라 그 실과는 먹을 만하고 그 잎사귀는 약재료가 되리라"(겔 47:8~12).

"성령과 신부가 말씀하시기를 오라 하시는도다 듣는 자도 오라 할 것이요 목마른 자도 올 것이요 또 원하는 자는 값없이 생명수를 받으라"(계 22:17).

그럼 이제 에덴동산을 흘렀던 네 강인 비손강, 기혼강, 힛더겔강, 유브라데강과 그 강이 흘렀던 지역을 차례로 살펴보면서 하나님과 인간의 관계에 대한 비밀을 더듬어 보겠다.

먼저 비손강과 그 강이 흘렀던 하윌라와의 관계를 보자. 비손은 '값없이 풍부하게 흐른다'라는 뜻을 가지고 있다. 하나님은 인간을 사랑의 짝으로 창조하셨으며, 아름다운 에덴동산에서 함께 살기를 원하셨다. 그리하여 최초의 인간인 아담과 하와는 그 사랑 안에서 자라났다. 하윌라는 '자라게 하다'라는 뜻을 가지고 있는데, 하나님의 그 무한하고 값없이 흐르는 사랑 안에서 풍성하게 자라났던 최초 인간의 모습을 잘 표현해 주고 있다.

하나님의 사랑으로 자라났던 그 땅은 참으로 아름다운 땅이었다. 그랬기 때문에 그곳에는 수정처럼 맑고 아름다운 정금이 있었다. 정금이 어떤 것인가 하는 것은 성경에 잘 나와 있다.

"그 성은 정금인데 맑은 유리 같더라, 성의 길은 맑은 유리 같은 정금이더라"(계 21:18, 21).

새 예루살렘을 구성하는 성과 성안의 길이 정금으로 되어 있는데, 모두 맑은 유리 같다고 표현하고 있다. 얼마나 순도가 높고 깨끗하였으면 마치 맑은 유리와 같다고 했겠는가? 하윌라 땅에서 나오는 금이 바로 그러한 정금이었다. 또한 하윌라 땅에는 정금뿐 아니라 아름다운 보석인 베델리엄과 호마노도 있었다. 따라서 비손강과 그 강이 흘렀던 하윌라는 아름다운 에덴동산에서 하나님과 친밀한 관계를 유지했던 인간의 모습을 아주 잘 표현해 주고 있다.

그런데 그 아름다운 관계를 깨뜨린 자가 있었으니, 그것은 기름 부음을 받아 하나님 보좌를 덮었던 루시퍼라는 그룹이었다(사 14:12~14; 겔 28:14~16). 원래 하나님 보좌에는 다섯 명의 그룹이 있었다. 루시퍼는 하나님 보좌를 두른 네 명의 그룹들보다 더 뛰어난 덮는 그룹이었으나, 하나님을 배반하여 보좌에서 쫓겨났다. 하와를 꾀어 하나님께서 먹지 말라고 하셨던 선과 악의 지식 나무 열매를 먹도록 하여 하나님과 인간의 관계를 끊었다. 그럼으로 인해 하나님의 짝이었던 아담과 하와는 에덴동산으로부터 쫓겨나게 되었다.

그동안 사람들은 비손강이 어디에 있었는지 몰랐다. 그러나 과학이 발달하여 이제는 비손강의 위치를 확인할 수 있게 되었다. 그 강을 지금은 와디 바틴과 와디 리마로 부르고 있으며, 원래는 사우디 아라비아 헤자즈산맥에서부터 이라크의 사프완까지 흘러 유브라데 강과 만나 페르시아만으로 흘러 들어갔다. 그런데 그 강의 중앙으로 거대한 나후드 사막이 지나가면서 값없이 풍부하게 흘렀던 강물은 말라 버렸다. 그리하여 헤자즈산맥 쪽은 와디 리마, 페르시아만 쪽은 와디 바틴이라는 서로 다른 이름으로 불리고 있다. 와디(Wadi)란 '큰 비가 올 때만 흐르는 마른 강'을 말한다.

나후드 사막은 사하라사막 다음으로 세상에서 가장 큰 사막이다. 그 사막은 하나님과 사람의 관계를 끊어 버렸던 루시퍼를 상징한다. 그래서 하나님의 사랑은 더 이상 값없이 풍부하게 흐르지 못하였고, 하윌라는 더 이상 아름다운 땅이 되지 못하였다.

거친 광야가 되어 버린 하윌라에는 육신을 상징하는 아말렉 족속이 주인처럼 살았다. 그들은 사탄을 상징하는 메마른 나후드 사막으로부터 가끔씩 흘렀던 와디의 물로 근근이 살았다. 삶이 결코 녹록하지 않았기 때문에 하윌라에서 술 광야까지 아주 광대한 땅에 퍼져 살 수 밖에 없었고(삼상 15:7), 그 삶이 고달파 약탈을 일삼았던 것이다.

그렇게 고달픈 삶이었기에 그들은 이스라엘의 출애굽 때 길에서 이스라엘의 약한 부분을 쳐서 약탈하려고 했다. 하나님은 이 일에 대해 매우 분노하셨으며, 그래서 "내가 아말렉을 도말하여 천하에서 기억함이 없게 하리라…여호와께서 맹세하시기를 여호와가 아말렉으로 더불어 대대로 싸우리라"(출 17:14, 16)라고 하셨다. 그리하여 사울의 때에 이르러 아말렉을 쳐서 그들의 소유까지 모두 진멸하라고 명령하셨던 것이다(삼상 15:1~3).

사울은 하나님의 명을 받들어 이스라엘에서 20만 명, 유다에서 1만 명이라는 어마어마한 군대를 동원하여 아말렉이 살고 있는 영토를 토벌하기 위해 길을 나섰다. 이때 아말렉 족속과 함께 살고 있는 겐 족속에게 아말렉 땅에서 떠나라고 명할 정도로 그 토벌 작전은 실로 엄청난 것이었다. 이때의 전투 성과가 얼마나 뛰어났던지, 사울은 군사들을 길갈에 두고 갈멜까지 가서 자신을 위해 기념비를 세우고 다시 길갈로 내려와 사무엘과 만난다(삼상 15:12). 그러나 사울은 아말렉 왕 아각을 살려 두고 탈취물 중 좋은 것을 남겨 두었다. 이에 하나님은 하나님의 명령에 온전히 순종하지 않은 것을 책망하셨고, 그 일로 인하여 이스라엘의 왕권을 빼앗아 유다 지파 이새의 아들 다윗에게 넘긴다(삼상 16:1). 하윌라에 거했던 아말렉은 사울의 토벌 작전으로 완전히 멸망하였으나(삼상 15:8), 그 일로부터 그리 멀지 않은 때에 다윗이 거처했던 시글락을 침략했으며, 페르시아의 아하수에로 왕 때는 거꾸로 이스라엘을 모두 죽이려는 음모까지 꾸몄다(에 3:8~11). 하나님이 만물을 회복하시기 전까지는 사탄의 세력을 아무리 흔적 없이 멸하였더라도, 이처럼 조금만 방심하면 우후죽순처럼 솟아날 것이다.

하윌라와 아말렉의 이러한 관계를 깨달으면 사울이 불순종한 것이 그 얼마나 큰 잘못이었는지 알 수 있다. 이는 그 옛날 가데스 바네아에서 반석에게 명하여 물을 내라 했으나 그 반석을 쳐서 물을 내었던 모세의 잘못에 버금가는 일이었다(민 20:8~12). 모세는 광야 40년의 기간 중 두 번에 걸쳐 반석을 쳐서 물을 내었는데, 첫 번째는 르비딤이었고, 두 번째는 가데스였다. 그런데 가데스에서는 반석에게 명하여 물을 내라 하셨으나 모세는 백성에게 분노하여 반석을 쳤던 것이다. 반석은 예수 그리스도였고, 물은 예수님으로부터 흘러나오는 생명수였다(고전 10:4). 첫 번째 반석은 예수님의 초림을, 두 번째는 재림을 상징한다. 따라서 가데스에서는 반석을 쳐서는 안 되는 것이었다. 이 일로 인해 그는 가나안에 들어갈 수 없었다(민 27:12~14).

이처럼 하나님으로부터 흘러나온 생명수를 얻어 자랐던 하윌라 땅이, 하나님과의 관계가 끊어지자 사탄의 양분을 받아 거친 광야로 전락했다. 사탄이 지배하는 세상은 사람에게 아무런 소망을 주지 못한다. 비손강이 마르고 하윌라가 사막이 되어 버린 것, 그것이 예수 그리스도가 오시기 전까지 이 세상의 상태였다.

다음이 기혼강인데, 그 강은 구스 온 땅에 흘렀다. 기혼은 '차고 넘쳐 난다'라는 뜻을 가지고 있다. 그렇게 풍성하게 차고 넘쳐난 강물이 구스 온 땅으로 흘렀던 것이다. 구스는 '검다'라는 뜻을 가지고 있으며, 검은 것은 죄악을 뜻한다.

> "구스인이 그 피부를, 표범이 그 반점을 변할 수 있느뇨 할 수 있을 진대 악에 익숙한 너희도 선을 행할 수 있으리라"(렘 13:23).

죄의 본성은 원래 검다. 그래서 하나님은 피부가 검은 구스인을 들어, 그 검은 피부를 희게 할 수 있다면 너희 스스로도 비록 악에 익숙하지만 선을 행할 수 있을 거라고 말씀하셨다. 그럼 구스인이 그 검은 피부를 희게 할 수 있을까? 표범에게서 그 반점을 지울 수 있을까? 불가능한 일이다. 악에 익숙한 우리도 스스로는 절대 선을 행할 수 없다. 그래서 차고 넘치는 하나님의 은혜가 필요한 것이다.

하나님과 인간의 관계는 사탄에 의해 완전히 끊어진 것처럼 보였다. 그러나 하나님의 사랑은 여전히 흐르고 있었을 뿐 아니라 차고 넘쳐나도록 흐르고 있었다. 그것도 사탄의 꾀임에 빠져 하나님으로부터 멀어져 죄악으로 가득 찬 구스 온 땅으로 흘렀다.

"말씀이 육신이 되어 우리 가운데 거하시매 우리가 그 영광을 보니 아버지의 독생자의 영광이요 은혜와 진리가 충만하더라"(요 1:14).

예수 그리스도의 보혈의 은혜는 하나님을 떠나 죄를 지었던 인류의 시작부터 인류의 마지막까지 모든 사람이 구원받을 수 있도록 차고 넘치도록 흘러 부족함이 없다. 그 덕분에 우리는 그분의 능력을 힘입어 넉넉히 구원받을 수 있는 것이다.

예수님도 친히 "내가 주는 물을 먹는 자는 영원히 목마르지 아니하리니 나의 주는 물은 그 속에서 영생하도록 솟아나는 샘물이 되리라"(요 4:14)라고 말씀하셨고, 주님의 차고 넘치는 은혜의 보혈로 인해 먹보다 검은 우리의 죄가 눈보다 더 희게 되었다.

그 옛날 지금의 이란 땅인 페르시아에는 구스인이 살았다. 역사에서는 그들이 세운 국가를 '카사이트'(Kassite) 또는 '카슈'(Kassu)라 불렀는데, 카슈가 성경에서 말하는 구스이다. 그러나 구스(카슈)인은 이사야 18장에 기록된 말씀처럼 홍해를 건너 아프리카로 떠나갔으며, 그 땅에 지금은 페르시아인들이 들어와 있고, 기혼강도 그 이름을 잃어버렸다.

이는 마치 너희는 죄인이므로 복음을 받아들여 죄 사함을 받으라는 말씀을 부러 잊으려 하는 사람들의 모습을 보여주는 듯싶다.

이 땅에 살고 있는 사람들은 우리의 피부는 죄로 인하여 더 이상 검지 않으며, 그래서 하나님의 은혜가 더 이상 우리에게 필요 없다고 말하는 세상 사람들의 모습을 보는 것 같다.

그러나 기혼강은 이름만 잃어버렸을 뿐, 지금도 굽이굽이 돌아 이란 땅을 빠짐없이 적시며 흐르고 있다. 지금의 사람들은 그 강을 카룬강이라 부르고 있다. 직선 거리로는 300km도 안 되는 카룬강은 이란 땅을 굽이굽이 돌아 무려 820km에 이른다. 그래서 카룬강은 이란 사람들의 젖줄이 되어 있다. 마치 예수 그리스도의 보혈이 온 세상에 빠짐없이 흐르는 것처럼.

이제 힛데겔강을 보자. 힛데겔은 '신속하게 흐르는', '화살처럼 빨리 나는 힘'이라는 뜻이 있다. 힘 있고, 능력 있는 강물을 뜻한다. 그런데 그 강물이 왜 앗수르 땅으로 흘렀을까?

앗수르는 '죽었다' 또는 '죽음'이라는 뜻을 가지고 있다. 죽음의 땅 앗수르로 힛데겔강이 흘렀을 때 그 땅은 비로소 소성함을 입었던 것이다. 그런데 이상하게도 힛데겔강은 앗수르 온 땅으로 흐르지 않고, 앗수르 동편으로만 흘렀다. 그 강의 혜택을 오직 죽음의 땅 동편의 사람들만 혜택을 누렸던 것이다. 이는 예수 그리스도의 재림을 상징한다.

"보라 내가 너희에게 비밀을 말하노니 우리가 다 잠잘 것이 아니요 마지막 나팔에 순식간에 홀연히 다 변화하리니 나팔 소리가 나매 죽은 자들이 썩지 아니할 것으로 다시 살고 우리도 변화하리라 이 썩을 것이 불가불 썩지 아니할 것을 입겠고 이 죽을 것이 죽지 아니함을 입으리로다 이 썩을 것이 썩지 아니함을 입고 이 죽을 것이 죽지 아니함을 입을 때에는 사망이 이김의 삼킨바 되리라고 기록된 말씀이 응하리라"(고전 15:51~54).

예수 그리스도는 반드시 재림할 것이며, 그리스도 안에서 잠자는 자들이 썩지 아니할 몸을 입고 죽음으로부터 부활할 것이다. 마치 앗수르 동편의 사람들만 힛데겔강의 혜택을 받았듯이. 예수님은 재림하실 때 예루살렘 성전 동문으로 입성하실 것이며, 세상은 예수님이 통치하시는 천년왕국의 시대로 들어설 것이다. 굳이 앗수르 땅의 동편을 강조했던 것은 바로 예수 그리스도의 재림을 설명하기 위함이었다.

"그 후에 그가 나를 데리고 문에 이르니 곧 동향한 문이라 이스라엘 하나님의 영광이 동편에서부터 오는데 하나님의 음성이 많은 물소리 같고 땅은 그 영광으로 인하여 빛나니 그 모양이 내가 본 이상 곧 전에 성읍을 멸하러 올 때에 보던 이상 같고 그발 하숫가에서 보던 이상과도 같기로 내가 곧 얼굴을 땅에 대고 엎드렸더니 여호와의 영광이 동문으로 말미암아 전으로 들어가고 성신이 나를 들어 데리고 안뜰에 들어가시기로 내가 보니 여호와의 영광이 전에 가득하더라"(겔 43:1~5).

현대의 사람들은 이 강을 티그리스강이라고 부르고 있다. 아직도 이 강의 상류는 집수 범위가 넓으며, 강폭이 유브라데강보다 좁고, 튀르키예 국경과 바그다드와의 고도차가 300m 이상 될 정도로 크기 때문에 강물이 많고 유속이 매우 빠른 특징을 가지고 있다. 그래서 상류의 강수 상황에 따라 쉽게 범람한다. 따라서 '화살처럼 빨리 나는 힘'이라는 하나님의 능력을 상징하는 힛데겔이라는 이름은 아직도 유효하다. 그러나 사람들은 힛데겔이라는 이름을 버렸다.

마지막으로 살펴볼 강은 유브라데강이다. 유브라데는 '참 좋은', '비옥한'이라는 뜻을 가지고 있다. 우리는 지금 유브라데강의 위치를 알고 있기 때문에 그 강물이 어디로 흘러갔는지 잘 알고 있다. 그런데 유독 유브라데강에 대해서는 그 강물이 어디로 흘렀는지 아무런 언급이 없다. 성경은 유브라데강이 흘러가는 곳을 지정하지 않았다.

유브라데강은 네 강의 중심이 되는 강이다. 비손강은 사프완에서, 기혼강은 코람사르에서, 힛데겔강은 쿠르나에서 유브라데강과 합쳐진 후 페르시아 만으로 흘러간다. 강이 합쳐진 후에 페르시아만까지의 강은 더 이상 비손강도, 기혼강도, 힛데겔강도 아닌 오직 유브라데강일 뿐이다. 모든 강물은 유브라데강에 귀결되며, 바다로 나가

온 세상으로 흐른다. 그래서 성경은 유브라데강을 큰 강, 하수로 불렀다(출 23:31; 신 1:7; 사 7:20). 강이 지금과 반대로 흘렀던 아담의 때에도 역시 유브라데강은 바다로 흘러 만물을 소성시켰을 것이다. 유브라데강의 목적지를 기록하지 않은 것은 그 강물이 온 세상으로 흐르기를 바랐던 하나님의 마음이었다.

유브라데강은 천년왕국 너머에 있는 새 하늘과 새 땅을 상징한다. 비로소 하나님은 사탄에게 넘겨졌던 세상의 권세를 찾아오실 것이며, 만물을 다시 하나님의 권세 아래 두실 것이다. 인간의 모든 삶과 역사의 귀결은 새 하늘과 새 땅에 맞춰진다. 에덴동산을 흘렀던 모든 강물이 유브라데강에 귀결되는 것처럼.

"또 내가 새 하늘과 새 땅을 보니 처음 하늘과 처음 땅이 없어졌고 바다도 다시 있지 않더라 또 내가 보매 거룩한 성 새 예루살렘이 하나님께로부터 하늘에서 내려오니 그 예비한 것이 신부가 남편을 위하여 단장한 것 같더라"(계 21:1~2).

"또 저가 수정같이 맑은 생명수의 강을 내게 보이니 하나님과 및 어린양의 보좌로부터 나서 길 가운데로 흐르더라 강 좌우에 생명나무가 있어 열두 가지 실과를 맺히되 달마다 그 실과를 맺히고 그 나무 잎사귀들은 만국을 소성하기 위하여 있더라"(계 22:1~2).

하나님의 권능으로 새 하늘과 새 땅이 새롭게 창조되었을 때, 수정같이 맑은 생명수 강물이 하나님과 어린양의 보좌로부터 나와 길 가운데로 흐를 것이다. 그리고 강 좌우에 있는 생명나무에서는 그 생명수로 인하여 달마다 새로운 과실이 풍성히 맺히고 그로 인해 만국이 소성될 것이다. 유브라데강이 에덴동산을 흘렀던 모든 강의 중심이 되는 '참 좋은' 생명수였던 것처럼.

우리는 그 시대를 바라보고 살아간다. 사탄이 지배하는 하윌라와 같이 거친 광야에서 구스인처럼 죄인으로 살지만, 예수 그리스도의 보혈로 눈보다 더 희어졌기에 머지않아 죽음으로 가득 찬 앗수르와 같은 세상을 벗어나 천년왕국으로 들어갈 것이고, 천년왕국 너머에 있는 새 하늘과 새 땅으로 옮겨질 것이다. 그것이 믿음의 선진들이 바라봤던 세상이며, 나그네 삶을 살아가는 우리가 들어가기를 고대하는 세상이다.

> "사랑하는 자들아 주께는 하루가 천년 같고 천년이 하루 같은 이 한 가지를 잊지 말라 주의 약속은 어떤이의 더디다고 생각하는 것 같이 더딘 것이 아니라 오직 너희를 대하여 오래 참으사 아무도 멸망치 않고 다 회개하기에 이르기를 원하시느니라 그러나 주의 날이 도적같이 오리니 그날에는 하늘이 큰 소리로 떠나가고 체질이 뜨거운 불에 풀어지고 땅과 그중에 있는 모든 일이 드러나리

로다 이 모든 것이 이렇게 풀어지리니 너희가 어떠한 사람이 되어야 마땅하뇨 거룩한 행실과 경건함으로 하나님의 날이 임하기를 바라보고 간절히 사모하라 그날에 하늘이 불에 타서 풀어지고 체질이 뜨거운 불에 녹아지려니와 우리는 그의 약속대로 의의 거하는바 새 하늘과 새 땅을 바라보도다"(벧후 3:8~13).

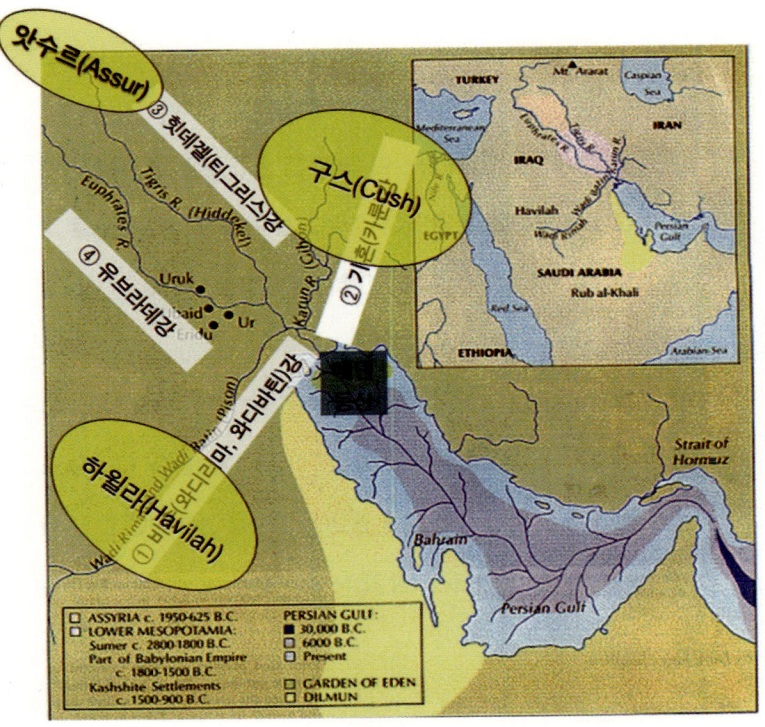

에덴동산과 네 강

에덴동산에 흘렀던 네 강을 통해 바라본 하나님과 인간의 관계

아브라함의 고향 갈대아 우르

"데라가 그 아들 아브람과 하란의 아들 그 손자 롯과 그 자부 아브람의 아내 사래를 데리고 갈대아 우르에서 떠나 가나안 땅으로 가고자 하더니 하란에 이르러 거기 거하였으며"(창 11:31).

"여호와께서 아브람에게 이르시되 너는 너의 본토 친척 아비 집을 떠나 내가 네게 지시할 땅으로 가라…이에 아브람이 여호와의 말씀을 좇아 갔고 롯도 그와 함께 갔으며 아브람이 하란을 떠날 때에 그 나이 칠십오 세였더라"(창 12:1~4).

아브라함은 갈대아 우르에서 태어나 장성하여 결혼까지 한 후에, 그곳을 떠나 아버지 데라와 아내 사라, 조카 롯과 함께 하란으로 이주하였다. 아마도 나홀도 하란까지 동행했을 것이다(창 28:10, 29:4~5). 그리고 데라가 하란에서 죽자 다시 그곳을 떠나 가나안 땅으로 들어온다.

사람들은 아브라함의 고향 갈대아 우르를 지금의 이라크 당 우르 카스딤으로 믿고 있다. 모든 성서 지도와 주석서에서 그렇게 갈하기 때문이다. 유브라데강 하류, 지금의 이라크 땅에 있는 우르 카스딤은 아브라함이 가나안에 오기 직전에 머물렀던 하란과 직선거리로 1,100km나 떨어진 곳이며, 길을 따라왔으면 하란에서 1,600km나 되는 먼 거리에 있다. 성서 지도와 주석서가 이처럼 멀리서 왔다고 해설한 것은 스데반의 간증 때문인 것으로 보인다.

"스데반이 가로되 여러분 부형들이여 들으소서 우리 조상 아브라함이 하란에 있기 전 메소보다미아에 있을 때에 영광의 하나님이 그에게 보여 가라사대 네 고향과 친척을 떠나 내가 네게 보일 땅으로 가라 하시니 아브라함이 갈대아 사람의 땅을 떠나 하란에 거하다가 그 아비가 죽으매 하나님이 그를 거기서 너희 시방 거하는 이 땅으로 옮기셨느니라"(행 7:2~4).

메소보다미아는 '두 강 사이의 땅'이란 뜻으로, 유브라데강과 티그리스강 사이의 광대한 초승달 지역으로 고대로부터 사용된 명칭이

아브라함의 고향 갈대아 우르

었다. 스데반은 "하란에 있기 전 메소보다미아에 있을 때", "갈대아 사람의 땅을 떠나 하란에"라고 하여 메소보다미아와 갈대아 우르를 동일시한 반면, 갈대아 우르(갈대아 사람의 땅)와 하란은 서로 동떨어져 있는 것처럼 말했다.

메소보다미아는 유브라데강과 티그리스강 사이에 있는 초승달 지역이라는 것을 모든 사람들이 알고 있으므로 고대 갈대아 땅이 어디인지 성경을 통해 확인할 필요가 있다.

"갈대아 사람의 땅을 보라 그 백성이 없어졌나니 곧 앗수르 사람이 들짐승의 거하는 곳이 되게 하였으되 그들이 망대를 세우고 궁전을 헐어 황무케 하였느니라"(사 23:13).

"우리 열조가 하늘에 계신 하나님을 격노케 하였으므로 하나님이 저희를 갈대아 사람 바벨론 왕 느부갓네살의 손에 붙이시매 저가 이 전을 헐며 이 백성을 사로잡아 바벨론으로 옮겼더니"(스 5:12).

앗수르는 티그리스강 상류에 있었는데(창 2:14), 위의 말씀을 보면 앗수르와 갈대아 사람의 땅을 동일시했고, 바벨론 역시 갈대아 사람의 땅인 것을 확인할 수 있다. 따라서 갈대아는 앗수르 왕국과 바벨론 왕국을 통틀어 지칭하는 지명이었다. 즉, 메소보다미아의 또 다른 명칭인 것이다. 그러므로 갈대아라는 명칭만 가지고는 우르의 정확한 위치를 확인할 수 없다.

그런데 다음의 말씀을 보면 갈대아 우르와 하란이 지근거리에 있다는 것을 확인할 수 있다.

"너는 나의 거하는 이 지방 가나안 족속의 딸 중에서 내 아들을 위하여 아내를 택하지 말고 내 고향 내 족속에게로 가서 내 아들 이삭을 위하여 아내를 택하라"(창 24:3~4).

"이에 종이 그 주인의 약대 중 열 필을 취하고 떠났는데 곧 그 주인의 모든 좋은 것을 가지고 떠나 메소보다미아로 가서 나홀의 성에 이르러"(창 24:10).

"이삭은 사십 세에 리브가를 취하여 아내를 삼았으니 리브가는 밧단 아람의 아람 족속 중 브두엘의 딸이요 아람 족속 중 라반의 누이였더라"(창 25:20).

아브라함은 분명 늙은 종에게 내 고향, 내 족속에게로 가서 이삭의 아내를 택하라고 명령했다. 아브라함은 갈대아 우르에서 태어나 거기서 결혼을 한 후에 하란으로 이주하였으므로(창 11:31), 늙은 종은 갈대아 우르로 가야 맞다. 즉 하란에서 1,600km 떨어진 우르 카스딤으로 가야 한다. 그런데 늙은 종이 간 곳은 메소보다미아에 있는 나홀의 성이었다(창 24:10).

늙은 종이 찾아갔던 메소보다미아 나홀의 성이 하란인 것은 훗날 야곱이 형 에서의 눈을 피해 어머니의 친정인 밧단 아람으로 갔던 것으로 확인할 수 있다. 야곱이 밧단 아람으로 가던 중, 우물가에서 만난 양치기들을 향하여 "너희는 어디에서 왔냐"고 물었을 때, 그들은 "하란에서 왔다"고 대답했다. 이에 야곱은 "나홀의 손자 라반을 아느냐"고 물었고, 그들은 "안다"고 대답했다(창 29:4~6). 라반이 하란에 살았기에 야곱은 처음부터 하란을 목적지로 정했던 것이다(창 28:10). 따라서 아브라함의 명령과 늙은 종의 행선지, 그리고 야곱의 물음과 양치기들의 대답을 통해 아브라함의 고향인 우르와 하란이 밧단 아람 안에 있다는 것을 알 수 있다.

그런데 밧단 아람은 지금의 이라크 땅 우르 카스딤이 있는 지역이 아니라, 튀르키예 땅 산르우르파 지역을 지칭한다. 또한 논리적으로 생각해도 데라가 우르 카스딤에서 가나안으로 길을 떠날 때, 하란을 거쳐갈 이유가 없었다. 훗날 에스라는 정월 초하루에 우르 카스딤에서 그리 멀지 않은 바벨론에서 길을 떠나 아하와 강가에서 레위인을 소집한 후 5월 초하루에 예루살렘에 도착했다(스 7:9, 8:31). 그들의 여정은 4개월이 걸렸고, 가장 빠른 길을 택했다면 다드몰, 다메섹을 거쳐 예루살렘으로 왔을 것이다. 즉 데라가 우르 카스딤에서 가나안으로 길을 떠났다면 에스라가 가나안으로 귀환한 길을 택했을 것이지, 굳이 유브라데 강을 건너 하란으로 가서 정착할 이유가 없었던 것이다.

밧단은 '길'을 뜻한다. 그래서 밧단 아람은 '아람의 길'이라는 뜻을 가지고 있으며, 현재는 튀르키예의 산르우르파(Sanliurfa) 주(州)에 해당한다. 이 땅은 에데사(Edessa)로 불리기도 했는데, B.C. 3세기 무렵에 알렉산더 사후 이곳을 지배한 셀레우코스 1세가 여기에 마케도니아 퇴역병들을 정착시켰고, 그들이 자신들의 고향 마케도니아의 수도 이름을 따서 에데사로 명명했다. 십자군 전쟁 당시에는 십자군에 의해 제일 먼저 기독교 국가가 설립되어(1098년) 잠시 에데사 백작령이 되기도 하였다. 그 후 1637년에 에데사에서 다시 고대의 지명인 우르파(Urfa)로 바뀌었다가 1984년에 '영광스러운'이라는 뜻의 접두사 '산르'가 붙어 지금은 산르우르파 주로 불린다. 이곳의 주도는 산르우르파(고대 지명 우르파)이고, 하란도 산르우르파 주 안에 있다. 하란(Harran)은 주도인 산르우르파에서 45km 정도 떨어져 있다.

성경 학자들이 하란으로부터 1,500km나 멀리 떨어진 지금의 이라크 땅 우르 카스딤을 갈대아 우르라고 확신하게 된 계기는 1922년부터 진행된 고고학적 발굴 때문이었다.

영국의 레너드 울리(L. Woolley, 1880~1960)라는 사람이 1922년부터

12년간 이라크 남부 지역을 발굴했는데, 이곳에서 우르라는 지명을 확인하였고, 수많은 무덤과 역사적 유물들을 발견하였다. 이곳이 이라크에 있는 지금의 우르 카스딤이었다. 사람들은 갈대아 사람 느부갓네살이 일어났던 바벨론으로부터 남쪽으로 224km밖에 떨어지지 않은 이곳의 역사적 유물에서 우르라는 지명을 발견한 것에 열광했고, 그래서 이 지역을 갈대아 우르라고 확신하게 되었다.

그러나 이곳에 우르라는 지명이 있었다는 것만 확인했을 뿐 거기에 아브라함과 관련된 것은 아무것도 없었다. 이곳에서 발견된 지구라트는 창세기에 기록된 바벨탑(창 11:1~9)의 원형과 똑같았기에 오히려 창세기에 기록된 바벨을 발굴했다고 보는 것이 더 타당할 것이다.

우르(Ur)는 '그 도시'(the city) 또는 '그 땅'이라는 보통명사에 해당하는 수메르어 또는 아카드어로, 메소보다미아 전역에서 발견되는 지명이다. 하나님은 우상이 만연한 땅이라는 것을 강조하시기 위해 갈대아라는 지명을 언급했다. 따라서 하나님의 말씀은 '음란한(갈대아) 그 땅(우르)'에서 떠나라는 뜻으로 이해해야 할 것이며, 스데반은 성경의 의도를 정확히 파악했기 때문에 '우르'를 땅이라는 보통명사로 바꾸어 '갈대아 사람의 땅'이라고 했던 것이다.

그러므로 앞서 살폈듯이 밧단 아람은 지금의 산르우르파(Sanliurfa) 주(州)에 해당하고, 그 안에 산르우르파로 불리는 우르파(Urfa)와 하란(Harran)이 인접하여 있는 것이다. 이곳 사람들은 지금도 창세기에 나오는 갈대아 우르가 자신들이 살고 있는 땅이라 믿고 있으며, 아직도 아브라함과 욥에 대한 전설들이 많이 남아 있다.

여기서 잠시 그를 히브리 사람이라 한 이유를 알아보자.

> "도망한 자가 와서 히브리 사람 아브람에게 고하니 때에 아브람이 아모리 족속 마므레의 상수리 수풀 근처에 거하였더라 마므레는 에스골의 형제요 또 아넬의 형제라 이들은 아브람과 동맹한 자더라"(창 14:13).

성경에서 '히브리'라는 단어가 처음으로 등장하는 순간이다. 이때 시날 왕 아므라벨과 엘라살 왕 아리옥과 엘람 왕 그돌라오멜과 고임 왕 디달의 동맹군이 아나톨리아 지방을 거쳐 갈릴리 북쪽으로부터 남쪽 가데스와 세일산 아래 아카바만 인근까지 광범위하게 침략해 들어온 일이 발생한다(창 14:18~20). 이로 인해 소돔에 거주했던 조카 롯과 그 가족이 포로가 되어 끌려가는데, 어떤 도망자가 와서 아브라함을 히브리 사람이라 부르며 롯의 행방을 알려 준다. 이에 아브라함이 다메섹까지 쫓아가 롯을 구출하여 돌아오자 지극히 높으신 하나님의 제사장인 살렘 왕 멜기세덱이 떡과 포도주를 가지고 아브라함에게 나아온다. 그는 "천지의 주재시요 지극히 높으신 하나님이여, 아브람에게 복을 주옵소서 너희 대적을 네 손에 붙이신 지극히 높으신 하나님을 찬송할지로다"(창 14:19~20)라고 하면서 아브라함을 축복한다.

'히브리'는 '(유브라데)강을 건너온 자'라는 '이브리'에서 파생되었는데, 모두들 그가 갈대아 우르에서 강을 건너 가나안으로 들어왔기 때문에 그렇게 불렸다고 말한다. 정말 그럴까? 정말 아브라함이 큰 강 유브라데를 건너 가나안으로 왔기 때문에 사람들이 이스라엘 민족을 히브리 사람이라 불렀을까?

사람들이 자신을 소개할 때 항상 자신의 조상이나 부모의 이름을 말하는 것은 상대에게 가장 빨리 자신을 알릴 수 있는 방법인데, 고대에도 예외는 아니었다. 아브라함이나 요셉, 모세가 '강을 건너온 자'란 의미로 자신들을 히브리 사람이라고 소개했던 것은 아니었을 것이다. 또한 아브라함이나 이삭, 야곱은 모세에 의해 민족이 형성되기 전까지 그저 이름 없는 족장들에 불과했다. 그랬기 때문에 하나님은 모세를 처음 만나 이스라엘 백성들에게 보낼 때는 "아브라함의 하나님, 이삭의 하나님, 야곱의 하나님 여호와"(출 3:15~16)라고 하셨지만, 바로에게는 "히브리 사람의 하나님 여호와"(출 3:18) 이름으로 보내셨다. 그런데 모세는 바로를 처음 만나 "이스라엘의 하나님 여호와의 말씀에 내 백성을 보내라 그들이 광야에서 내 앞에 절기를 지킬 것이니라"(출 5:1)라고 말했고, 바로는 "여호와가 누구관대 내가 그 말을 듣고 이스라엘을 보내겠느냐 나는 여호와를 알지 못하니 이스라엘도 보내지 아니하리라"(출 5:2) 라고 대답했다. 만약 대화가 여기서 끝났다면 모세는 죽거나 최소한 감옥행이었을 것이다. 그러자 모세는 즉시 "히브리인의 하나님"(출 5:3)이라고 호칭을 바꾸었다. 그 뒤로 모세는 바로에게 갈 때마다 줄기차게 "히브리인의 하나님 여호와"(출 7:16, 9:1,13, 10:3)라고 말했다.

그 시대의 모든 사람들이 블레셋의 신은 다곤이고(삼상 5:2), 시돈 사람의 신은 아스다롯, 암몬 사람의 신은 밀곰, 모압의 신은 그모스(왕상 11:33)라는 것을 알고 있었던 것처럼, 히브리 족속의 신은 여호와 하나님이라는 것을 알고 있었다는 것이다. 그래서 광야에서 이스라엘 백성이 하나님을 배반하여 주께서 그들을 죽이려 하셨을 때, 모세는 "이제 주께서 이 백성을 한 사람같이 죽이시면 주의 명성을 들은 열국이 말하여 이르기를 여호와가 이 백성에게 주기로 맹세한 땅에 인도할 능이 없는 고로 광야에서 죽였다 하리이다"(민 14:15~16)라고 빌었던 것이다. 즉, 이스라엘 백성은 히브리 족속이고, 그들이 믿는 신은 여호와라는 것을 인근의 모든 사람들이 알고 있었다는 것이다.

그러므로 당연히 그들의 조상 중에 히브리가 있었을 것이다. 그가 누구일까?

그의 조상 중에 에벨이 있는데, '에벨'은 '히브리'와 동일하게 '이브리'에서 파생되었다. 그러므로 사람들이 아브라함을 부를 때, 히브리 사람이라 했던 것은 에벨 족속이라는 의미로 사용했던 것이다.

에벨의 부모는 왜 '강을 건너온 자'라는 뜻으로 자녀의 이름을 지었을까?

"셈은 에벨 온 자손의 조상이요"(창 10:21)

이 말씀은 에벨이 왕이었다는 것을 알려 준다. 왜냐하면 그는 셈의 증손자인데, 셈의 아들인 아르박삿과 손자인 셀라를 언급하지 않고, "셈은 에벨 온 자손의 조상"이라 했기 때문이다.

에벨이 살았던 에블라(Ebla) 왕국의 유적이 하란에서 그리 멀지 않은 시리아의 알레포 남서쪽 53km 거리에 소재하였으며 B.C. 2300년경에 존재했던 고대의 도시국가였다. 에블라 유적을 발굴한 결과 이곳의 왕은 에벨이었고, 에벨의 나라라는 뜻으로 에블라라고 불렀다고 한다.

홍수 심판이 끝나고, 노아와 세 아들들, 즉 셈과 함과 야벳은 아라랏산을 내려와 흩어졌다. 그중 함의 아들인 구스는 여러 아들을 낳았는데, 그중에 니므롯이 있었다. 그는 매우 강력한 자로, 그가 세운 국가는 바벨, 에렉, 악갓, 갈레 등지에 이르렀고, 니느웨와 르호보딜과 갈라와 레센에 이르는 강성대국으로 성장하였다(창 10:8~12). 아마도 인류 최초의 국가인 수메르 문명인 듯싶다. 그가 더욱 강력한 국가로

발돋움하기 위해 시날 평지에 바벨탑을 세웠는데, 세상에 이름을 내고 흩어짐을 면하게 하기 위해서였다. 바벨의 원래 뜻이 '신의 문'인 것을 봤을 때, 니므롯은 바벨탑을 세워 자신을 신격화시켰던 것 같다. 이에 하나님이 그들의 언어를 혼잡케 하셨고, 그들을 온 땅에 흩으셨다. 그리고 땅을 나누어 다시는 그들이 하나로 뭉치지 못하게 하셨다(창 11:1~9). 그래서 바벨의 두 번째 뜻은 '혼잡'인 것이다.

아마도 함의 후손인 니므롯이 강력한 국가를 형성하여 바벨을 쌓을 때, 셈과 그 자녀들은 신앙을 지키기 위해 유브라데강을 건넜고, 그때 낳은 아들의 이름을 에벨(강을 건너온 자)이라고 짓고 그들이 정착한 땅을 에블라라고 했을 것이다. 그리고 에벨은 땅이 나뉘는 하나님의 심판을 보고 아들의 이름을 벨렉(나뉘다)이라고 지었다(창 10:25). "셈은 에벨 온 자손의 조상"이라 한 것을 봤을 때, 셈이 에벨을 포함한 후손들과 함께 에블라에 정착했을 가능성이 크다.

참고로 노아 홍수 이후 인간의 수명은 1,000년에서 500년으로 줄었는데, 땅이 나누인 사건 이후로 인간의 수명은 다시 200년으로 줄어들었다. 노아 홍수 이후 인간의 수명이 반으로 줄어든 것은 하늘의 거대한 수증기층이 비로 쏟아져 우주의 온갖 유해한 광선을 차단하는 능력이 상실되었기 때문이었다. 그리고 다시 벨렉의 때에 이르러 엄청난 화산 활동과 지진에 의한 지각 변동으로 땅이 나뉘었고, 이에 따라 필연적으로 먼지와 재를 포함한 유해 물질이 하늘로 치솟아 대기를 흔들었을 것이다. 그리하여 지구를 둘러싼 또다른 보호막에 구멍이 생겼고, 인간의 수명은 또다시 반으로 줄어들었다.

현재 지구를 보존하는 보호막은 오존층만 유일하게 남아 있는데, 노아와 벨렉 이전의 시대에는 두꺼운 수증기층을 포함한 더 많은 보호막이 지구를 보호하고 있었을 것이다. 현대인들은 마지막으로 남아 있는 보호막인 오존층마저 프레온 가스를 대기 중으로 쏟아내어 지구의 생태계를 위협하고 있다. 사람들은 나이를 먹을수록 하나님을 찾는 것이 아니라, 오히려 신의 경지에 이를 수 있다고 착각하고 있어, 하나님은 이 같은 자연재해로 인간의 수명을 줄이셨을 것이다.

아무튼 아브라함이 갈대아 우르를 떠나 유브라데강을 건너 가나안으로 왔기 때문에 히브리 사람이라 불린 것이 아니라, 셈의 가족이 이 신앙을 지키기 위해 강을 건너면서 그 즈음에 태어난 아들의 이름을 '강을 건너온 자'라고 지었기 때문이다. 또한 고대의 유대사가 요세푸스도 히브리인이 아브라함의 조상 에벨로부터 시작되었다고 기록하였으며《유대 고대사》1권 6장 5), 에블라에서 발견된 토판 유적도 그들을 히브리인, 그들의 언어를 히브리어라고 기록하였다.

우연의 일치인지 모르겠지만, 니므롯의 후손인 시날 왕 아므라벨의 동맹이 가나안을 침략했을 때 어떤 도망자가 아브라함을 히브리 사람이라 불렀고, 지극히 높으신 하나님의 제사장인 살렘 왕 멜기세덱이 등장한다. 따라서 살렘 왕 멜기세덱은 셈 또는 에벨일 가능성이 아주 크다. 왜냐하면 노아의 아들인 셈과 에벨이 아브라함의 때까지 생존해 있었기 때문이다.

족장들의 나이를 토대로 연대를 계산했을 때, 셈은 아브라함과 150년을 같은 하늘 아래 살았으며 아브라함보다 겨우 25년 앞서 죽었다. 그리고 에벨은 아브라함과 180년을 같은 하늘 아래 살았을 뿐 아니라, 아브라함보다 4년이나 더 오래 생존해 있었다. 더구나 아브라함이 거주한 곳에서 그리 멀지 않은 곳에 있는 에블라 왕국 역시 동일한 침략에서 벗어날 수 없었다. 역사에서도 에블라의 멸망은 메소보다미아 아카드왕조의 광범위한 침략 때문이라고 기록하고 있다.

에벨 족속이 하나님을 섬겼을 거라는 추측은 아브라함의 늙은 종이 이삭의 아내를 얻기 위해 밧단 아람에 갔을 때, 나홀의 막내아들인 브두엘의 가족들과 나눈 대화로도 확인할 수 있다. 그들의 대화에 계속해서 여호와를 언급하고 있기 때문이다(창 24:31, 34, 50). 더구나 아브라함의 늙은 종이 리브가를 데려가도 되겠냐고 했을 때 그들은 이렇게 대답한다.

"라반과 브두엘이 대답하여 가로되 이 일이 여호와께로 말미암았으니 우리는 가부를 말할 수 없노라 리브가가 그대 앞에 있으니 데리고 가서 여호와의 명대로 그로 그대의 주인의 아들의 아내가 되게 하라'"(창 24:50~51).

또한 라반은 훗날 밧단 아람에서 도망치듯 떠난 야곱을 쫓아 길르앗산에서 만났을 때 돌로 기둥을 세우고 다음과 같이 하나님의 이름으로 맹세한다.

> "아브라함의 하나님, 나홀의 하나님, 그들의 조상의 하나님은 우리 사이에 판단하옵소서 하매 야곱이 그 아비 이삭의 경외하는 이를 가리켜 맹세하고"(창 31:53).

나홀이 하나님을 섬겼을 거라는 또 다른 추측은 욥기에서 찾아볼 수 있다. 욥은 우스 땅에 거했는데(욥 1:1), 우스는 나홀의 맏아들이었다(창 22:21). 또한 엘리후는 부스 사람이었는데, 부스는 나홀의 둘째 아들이었다(창 22:21). 더구나 엘리후를 람의 친족(흠정역) 부스 사람이라고 소개했는데(욥 32:2), 람은 아람을 뜻한다. 아람은 나홀의 셋째 아들인 그므엘의 아들이었다(창 22:21). 욥의 친구인 데만 사람 엘리바스와 수아 사람 빌닷과 나아마 사람 소발은 서로 약속하고 멀리서 욥을 위로하러 왔지만(욥 2:11), 부스 사람 엘리후는 갑자기 나타나 그들의 대화에 끼어들었다(욥 32:2). 이것은 엘리후가 욥과 지근 거리에 살았다는 것을 뜻하며, 나홀의 후손들이 밧단 아람을 떠나지 않고 서로 인근에 살았을 거라는 신빙성을 더해 준다.

이 모든 것을 종합해 볼 때, 라반이 아브라함의 하나님, 나홀의 하나님, 그들의 조상의 하나님이라고 한 것은 아주 정확한 표현이었다. 특히 나홀의 셋째 아들 그므엘은 '하나님이 안정되게 하신다'라는 뜻이고, 막내아들 브두엘은 '하나님이 거하시는 곳'이라는 뜻을 간직하고 있다. 욥기에 기록된 욥과 엘리후의 믿음, 그므엘과 브두엘이라는 이름의 뜻을 봤을 때, 나홀의 신앙은 아브라함의 신앙보다 더 뛰어난 것처럼 보인다. 그리고 아브라함과 나홀의 신앙은 라반이 고백한 것처럼 그들 조상, 특히 에벨로부터 물려받은 것이었다. 하나님은 아브라함과 나홀을 포함한 에벨(히브리) 족속의 하나님이셨다(출 3:18, 5:3 등). 따라서 노아로부터 셈, 아르박삿, 셀라, 에벨, 벨렉, 르우, 스룩, 나홀, 데라까지 이어지는 아브라함의 선조들은 하나님을 섬겼으며, 에벨은 노아와 아브라함을 연결하는 징검다리 역할을 하고 있다.

한 가지 걸리는 것은, 여호수아가 말년에 실로에서 조상들에 대하여 언급한 말 때문이다.

> "여호수아가 모든 백성에게 이르되 이스라엘 하나님 여호와의 말씀에 옛적에 너희 조상들 곧 아브라함의 아비, 나홀의 아비 데라가 강 저편에 거하여 다른 신들을 섬겼으나"(수 24:2).

여호수아는 데라가 갈대아 땅에서 우상을 섬겼다고 말했다. 그러나 킹 제임스 성경을 보면 그 뉘앙스가 좀 달라진다.

"Thus saith the LORD God of Israel, Your fathers dwelt on the other side of the flood in old time, even Terah, the father of Abraham, and the father of Nachor: and they served other gods."(수 24:2)

위의 말씀을 보면 '이스라엘의 하나님이 그들에게 말씀하시기를 옛적에 너희 선조들, 심지어 아브라함의 아비이며 나홀의 아비인 데라조차도 우상을 섬겼다'라고 되어 있다. 즉 하나님을 믿는 에벨 족속이 점점 우상 숭배의 길에 접어들었고, 심지어 데라조차도 점차 그 속에 물들어가고 있었다는 뜻이다. 하나님은 에벨의 후손들이 갈대아 땅에서 우상에 빠져드는 것을 더 이상 두고 보실 수 없었기 때문에 데라를 불러 우상의 도시를 떠나라 명하셨던 것이다.

그런데 데라는 아들 하란이 갈대아 우르에서 죽은 후에야 자식들을 데리고 하란으로 이주했다(창 11:31, 28:10, 29:4~5). 만약 갈대아 우르가 우르 카스딤이라면 데라의 행동은 이해할 수 없다. 우르 카스딤에서 가나안으로 가려면 굳이 하란에 머물 필요가 없기 때문이다(창 11:31). 앞서 살폈듯이 그 당시의 여정으로 우르 카스딤에서 가나안까지 갈 때, 굳이 1,600km를 돌아 하란까지 왔다가 다시 800km를 걸어가는 여정을 택하지 않았을 것이기 때문이다. 더구나 나홀이 12명이나 되는 아들 식구까지 모두 데리고 1,600km를 걸었을 리 만무하다. 오히려 산르우르파에서 가나안으로 가는 여정 가운데 있는 하란에 머물렀다는 것이 이치에 맞다.

아브라함은 하란에서도 떠나라는 하나님의 명령에 순종하여 그곳에서 축적한 많은 소유와 사람들을 이끌고 가나안으로 떠난다(창 12:5). 반면 나홀은 12명이나 되는 자녀(창 22:20~24)와 큰 부로 인해(창 24:10) 하란에 눌러 앉았다. 욥과 엘리후를 봤을 때 하란에서도 신앙을 지킬 수 있는 것처럼 보였다. 그러나 나홀의 신앙적 유산은 욥과 엘리후를 마지막으로 그 흔적조차 찾아볼 수 없다. 기름진 초승달 지역 메소보다미아에 살았던 그들은 점진적으로 타락해 갔다.

하나님의 뜻은 자기 백성이 물질과 우상에 빠져 타락한 삶을 살아가는 메소보다미아를 완전히 떠나는 것이었다. 셈과 에벨은 말씀에 순종하여 유브라데강을 건너 에블라로 왔을 것이며, 그 후손 중 일부가 메소보다미아로 돌아가자 그곳에서 떠나라는 명령이 다시 데라에게 내려졌을 것이다. 그리고 데라가 죽자 그 명령은 다시 한 번 그 자녀들에게 내려졌다. 나홀은 불순종하여 하란에 머물렀으나, 아브라함은 하란에서 축적한 모든 소유를 챙겨 조카 롯과 함께 하란을 떠났다. 그러나 끝내 롯은 메소보다미아에서 정착민으로 살았던 때를 동경하여, 고향에서 습득한 지식을 바탕으로 타락한 소돔의 재판관 자리에까지 올라 있었다. 그리하여 그는 우상의 도시에 안주하여 자기 세대도 넘기지 못하고 타락의 길을 걸어갔다. 따라서 그 평탄한 삶을 뒤로하고 하나님에게 순종하여 길을 떠났던 아브라함의 믿음은 정말 위대한 것이었다(히 11:8).

아브라함이 탄생했던 갈대아 우르가 이라크 땅 우르 카스딤이든지, 아니면 튀르키예 땅 산르우르파(밧단 아람)에 있는 우르파이든지 그게 우리의 신앙에 무슨 영향이 있겠냐고 생각할 것이다. 그러나 이것은 우리 신앙의 정체성을 증명하기 위한 매우 중요한 요소가 된다.

아브라함의 고향이 밧단 아람에 있는 우르파였기 때문에 그 조상인 에벨과 셈까지 연결될 수 있으며, 결국 노아와 에녹, 에노스, 셋으로 이어지는 믿음의 정통성을 입증할 수 있는 것이다. 그런데 만약 그의 고향이 하란과 1,600km나 멀리 떨어진 우르 카스딤이라면 믿음의 뿌리에 대한 연결고리를 찾을 수 없게 된다. 그 때문에 많은 사람들이 유대인의 조상인 아브라함이 믿음의 시작이라고 착각하고 있다. 물론 사도 바울도 신약성경 여러 곳에서 아브라함의 믿음으로 복음의 이치를 설명했다(롬 4:1~3; 갈 3:6 등). 그것은 성경에 기록된 믿음의 조상 중 그 믿음의 생애가 자세하게 기록된 최초의 사람이 이스라엘의 조상인 아브라함이기 때문일 것이다. 그러나 믿음장이라고 말하는 히브리서 11장조차도 우리 믿음의 뿌리를 아벨에서부터 말함으로써 우리 신앙의 뿌리를 인류의 시작에서부터라고 설명한다.

이처럼 성경은 분명 아브라함의 신앙을 윗 선조까지 언급하고 있음에도 불구하고, 많은 주석서들은 믿음의 시작을 아브라함에 국한하여 우리 신앙이 그냥 아브라함에게 뚝 떨어진 것이라 믿게 하였다. 그건 마치 세상사람들이 기독교의 시작을 예수님, 이슬람의 시작을 마호메트로 한계를 짓는 것처럼 우리 스스로도 신앙을 그 틀 안에 가두어 버리는 우를 범하였다.

에덴동산에서 쫓겨난 인류는 아담의 손자인 에노스 때부터 여호와를 부르며 예배하기 시작했다(창 4:26). 그러나 사람들이 땅 위에 번성하면서부터 그들은 예배를 멀리하고 타락의 길을 걸었다(창 6:1). 이에 아담의 7대손 에녹은 그 길에서 돌아서라고 경고했으나(유 1:14), 그들이 듣지 않자 하나님은 노아의 가족만 남겨 두고 홍수로 세상을 심판하셨다.

홍수 심판 후에 적어도 셈의 후예는 하나님을 신실하게 섬겼으나, 바벨탑을 건설한 강력한 함의 후손에 의해 갈수록 믿음을 지키기가 어려웠을 것이다. 이에 하나님은 믿음이 굳건한 에벨에게 강을 건너도록 하셨고, 그 아들 벨렉의 때에 타락한 세상을 나누어 버렸다(창 10:25, 11:9). 그리고 그 후손 중 아브라함을 택하시어 믿음의 조상으로 이끌어 내셨다. 이처럼 하나님은 어느 시대에나 자신을 따르는 무리를 남겨 두셨으며, 예전이나 지금이나 변함없이 그들의 예배를 원하신다는 것을 알아야 할 것이다.

아브라함의 고향 갈대아 우르에 대한 정확한 위치를 찾기 위해 떠난 여정이었는데, 그 길의 끝자락에서 아브라함 이전에 하나님을 찾았던 선진들의 신앙을 발견할 수 있었다. 그리하여 셋의 후손으로 이어지는 우리 믿음의 정체성을 확인하였다. 아브라함의 믿음은 결코 하늘에서 갑자기 뚝 떨어진 것이 아니었다. 물론 신약 교회가 예수 그리스도의 십자가 사건 이후로 형성되었고, 그 믿음의 시작이 유대인의 뿌리인 아브라함으로부터 시작된 것은 맞지만, 그 모든 신앙의 뿌리는 인류의 탄생 때부터 시작되었다. 그래서 누가복음에서는 예수님의 족보를 아브라함을 넘어 에벨, 셈, 노아, 에녹을 거쳐 아담, 그리고 하나님까지 연결하였던 것이다(눅 3:34~38). 즉 우리 신앙의 시작은 아브라함에서 시작된 것이 아니라, 하나님으로부터 시작된 것이다. 모든 인류가 신앙에서 벗어나 타락의 길에 들어섰을지라도, 끝까지 신앙을 지켰던 에녹과 노아, 셈, 에벨 등으로 이어지는 믿음의 조상들이 있었기에 아브라함이 있는 것이고, 지금의 우리에게까지 이어질 수 있었던 것이다.

※ 인류의 기원에 대한 연대표

순번	성 명	득남 나이	죽은 나이	탄생 년도	사망 년도	참조성경	비 고
1	아담	130	930	0	930	창 5:3~5	
2	셋	105	912	130	1042	창 5:6~8	
3	에노스	90	905	235	1140	창 5:9~11	
4	게난	70	910	325	1235	창 5:12~14	
5	마할랄렐	65	895	395	1290	창 5:15~17	
6	야렛	162	962	460	1422	창 5:18~20	
7	에녹	65	365	622	987	창 5:21~24	
8	므두셀라	187	969	687	1656	창 5:25~27	죽은 해 홍수
9	라멕	182	777	874	1651	창 5:28~31	
10	노아	503	950	1056	2006	창 5:32, 11:10	600세 홍수
11	셈	100	600	1559	2159	창 11:10~11	
12	아르박삿	35	438	1659	2097	창 11:12~13	
13	셀라	30	433	1694	2127	창 11:14~15	
14	에벨	34	464	1724	2188	창 11:16~17	
15	벨렉	30	239	1758	1997	창 11:18~19	
16	르우	32	239	1788	2027	창 11:20~21	
17	스룩	30	230	1820	2050	창 11:22~23	
18	나홀	29	148	1850	1998	창 11:24~25	
19	데라	130	205	1879	2084	창 11:26, 31~32, 12:4	
20	아브라함	100	175	2009	2184	창 21:5, 25:7	
21	이삭	60	180	2109	2289	창 25:26, 35:28~29	
22	야곱*	91	147	2169	2316	창 47:28	요셉을 낳은 나이

- 아담의 탄생을 0년으로 하여 창세기에 기록된 조상들의 나이를 기준으로 연도를 계산하였음

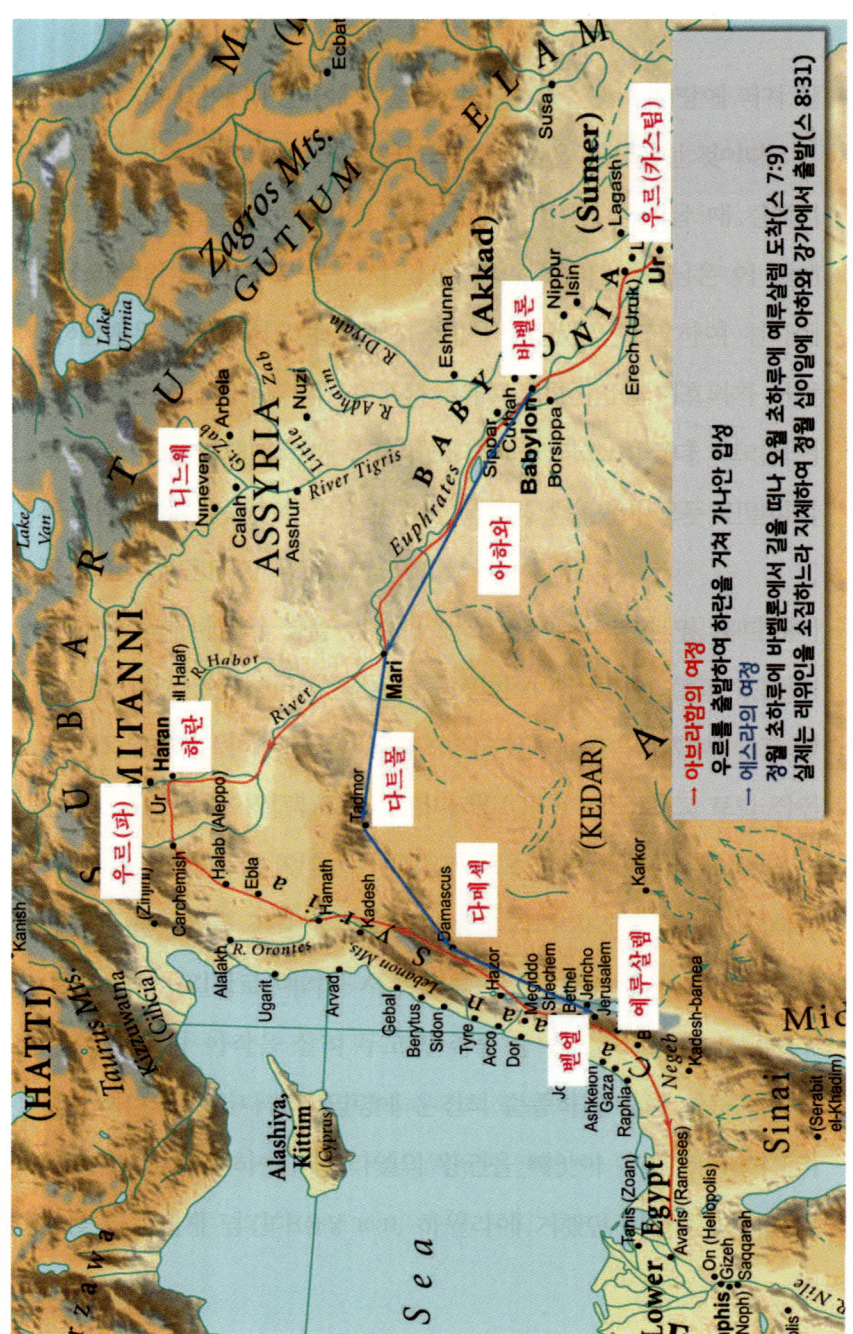

아브라함과 에스라의 가나안 여정

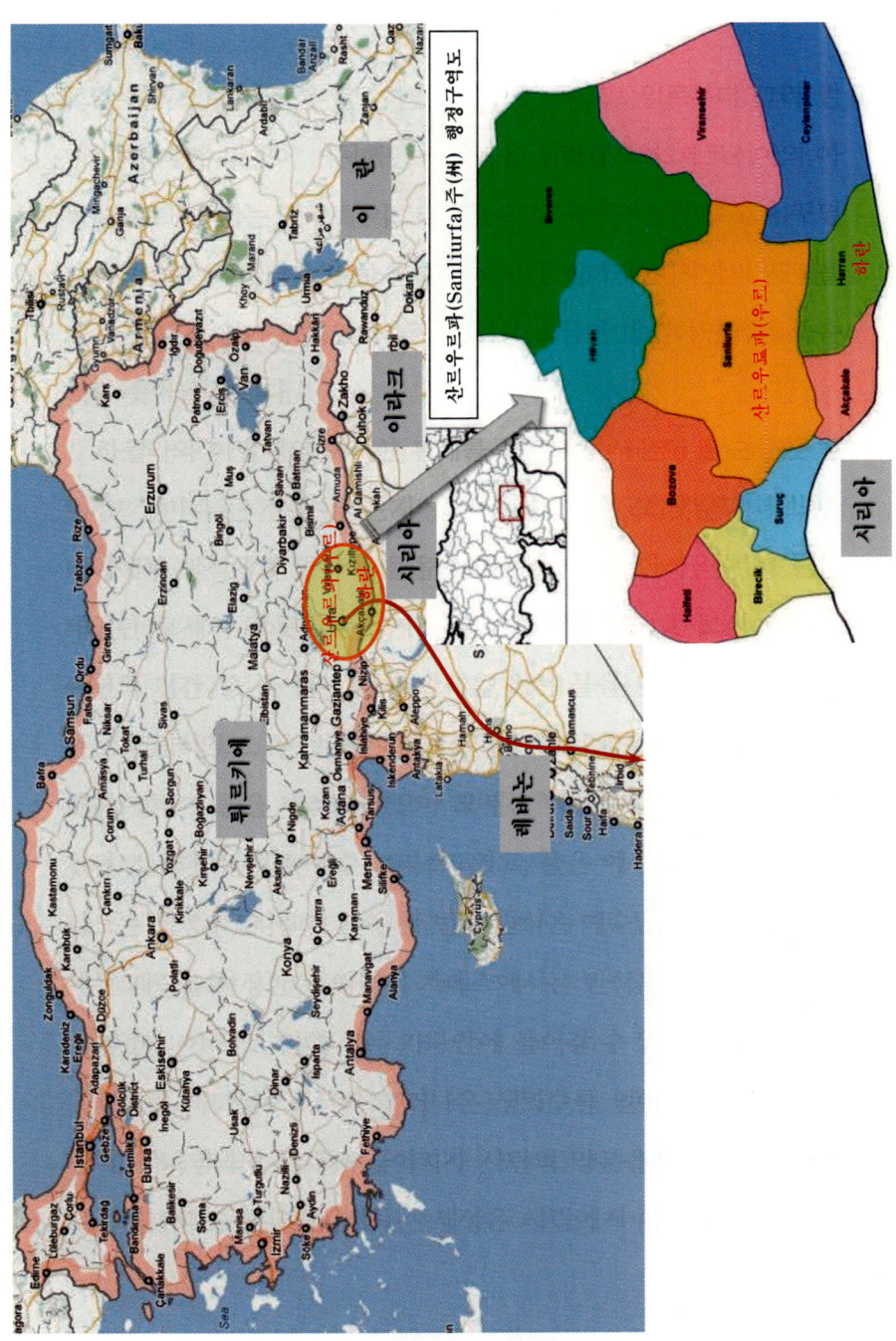

산르우르파와 하란 및 아브라함의 여정

예수 그리스도의 탄생과 사망, 그리고 부활

예수 그리스도의 탄생

예수 그리스도께서는 언제 탄생하셨을까?

많은 사람들이 이날을 찾아내기 위해 노력했다. 그들은 성경도 살펴보고 역사도 살펴보면서 그날에 대해 부단히 연구했다. 그래서 로마의 디오니시스라는 수도사는 예수님의 탄생 연도를 기준으로 B.C.(Before Christ)와 A.D.[Anno Domini, in the year of our (the) Lord]라는 새로운 연도표기법을 제시하기도 했다. 그는 525년 그의 저서 《부활절의 서》라는 책에서 이를 처음 사용했는데, 이것을 664년 영국의 휘트비 종교회의에서 채택하였고, 9세기 신성로마제국의 시초가 된 샤를마뉴 때 유럽 전역으로 확산되어 오늘날에는 전 세계에서 사용하기에 이르렀다.

디오니시스는 누가복음의 연대기록을 근거로 하여 그리스도의 탄생이 로마년도 754년에 일어났다고 계산하였으며, 그래서 그리스도의 탄생 연도 다음 해의 1월 1일을 A.D. 1년으로 산정하였고 그 이전을 B.C.라고 정의했다. 따라서 연도에는 0년이 없다.

예수님은 정말로 B.C. 1년에 탄생하셨을까?

우선 마태복음과 누가복음을 통해서 그 당시에 이 지역을 다스렸던 통치자들에 대해 살펴보고자 한다. 예수님 탄생 때의 로마 황제는 아우구스투스(옥타비아누스)였다(눅 2:1). 아우구스투스는 카이사스(Caesar, 시저)의 양아들로 세계를 지배한 로마제국의 초대 황제였다. 그러나 예수 그리스도가 소년이었을 때, 가이사 디베료(티베리우스)가 그 뒤를 이으며 예수님의 공생애 기간 중 로마 황제로 지낸다(눅 3:1).

예수님의 탄생에 나오는 헤롯 왕은 유대와 사마리아, 갈릴리, 이두매 및 시리아 일부 지역까지 다스린 분봉왕이었다(마 2:1). 그가 죽자 그의 유언에 따라 아들들에 의해 왕국은 분할 통치 된다. 맏아들인 아켈라오가 유대와 사마리아를 다스렸으나, 폭정으로 인해 백성은 가이사(황제)에게 파면을 요구하여 예수 그리스도가 태어나고 얼마 되지 않아 폐위되었고, 로마의 직할령이 되면서 총독을 파견한다. 나머지 헤롯의 영토인 갈릴리 지역은 헤롯의 아들인 헤롯 안티파스가 다스렸고, 갈릴리 북동쪽 이두래와 드라고닛(트라코니티) 지역은 안티파스의 동생인 헤롯 빌립이 다스렸다(눅 3:1). 예수 그리스도를 십자가에 못 박도록 내어준 빌라도는 예수님을 헤롯 안티파스에게 보내는데 이는 예수님이 갈릴리 사람이기 때문이었다(눅 23:6~7). 누가는 누가복음과 사도행전에서 이 시대를 다스렸던 왕들과 그 직위에 대해 정확히 기록하여 예수님의 탄생과 관련된 성경의 기록을 역사적으로 검증할 수 있게 하였다(눅 2:1; 3:1; 행 11:28).

위에서 열거한 통치자들 중 정확한 연도 검증이 가능한 통치자는 가이사 디베료(티베리우스)이다. 성경은 그가 로마 황제가 된 지 15년이 되었을 때 세례 요한이 활동을 시작했다고 기록했다(눅 3:1). 또한 예수님은 세례 요한으로부터 세례를 받으신 다음부터 공생애 사역을 시작했으며 30세쯤 되었을 때라고 기록했다(눅 3:21~23). 디베료는 A.D. 14년 8월 19일에 로마 황제가 되었고, 디베료 재임 15년인 A.D. 28년에는 누가복음 3장에 언급한 모든 공직자들이 그 지위에서 다스리고 있었다(눅 3:1). 따라서 A.D. 28년에 예수님의 나이가 30세였다는 결론에 도달하며, 이를 거꾸로 역산해 보면 예수님은 B.C. 3년에 탄생하셨다는 것을 알 수 있다.

예수님이 탄생하신 연도가 B.C. 3년이라는 것은 또 다른 성경으로도 검증이 가능하다(요 2:19~20). 예수님이 유대인들에게 이 성전을 헐라고 하시면서 3일 만에 내가 성전을 다시 세우겠다고 말씀하시자, 그들은 이 성전을 세우는 데 46년이 걸렸는데 네가 3일 만에 세

헤롯 성전

우겠다고 하느냐고 반문한다. 이때가 예수님의 공생애 첫 번째 유월절이었다.

요세푸스의 《유대 전쟁사》에 따르면 성전 건축이 B.C. 18년부터 시작되었기 때문에 46년 뒤인 A.D. 29년은 예수님의 공생애 첫 유월절과 정확히 일치한다. 따라서 이 역시 예수님이 B.C. 3년에 탄생하셨다는 것을 증명하고 있다.

그런데 역사학자나 기독교에서는 시리아 총독 구레뇨가 B.C. 7년부터 B.C. 4년까지 그 자리에 재임했다고 믿고(눅 2:1~2), 헤롯의 재임 기간이 B.C. 37~4년이라 하여 예수님의 탄생 연도를 B.C. 4년이라고 말한다. 즉 성경에 디베료 재임 15년과 46년간의 성전 건축에 대해 아주 명확히 기록되어 있음에도 불구하고, 그들은 지방 통치자에 불과하며 그 재임에 대한 기록도 명확하지 않은 구레뇨와 헤롯의 재임 기간을 더 신뢰하고 있다.

그러나 최근에, 시리아 총독 구레뇨는 두 번이나 시리아 총독에 재임했는데 그 첫 번째 재임 기간이 B.C. 4~1년이고, 두 번째 재임 기간이 A.D. 6~9년인 것으로 새롭게 밝혀졌다. 또한 요세푸스는 마태복음 2장에 기록된 헤롯의 죽음이 월식이 있던 해의 유월절 직전이었다고 기록하여《유대인의 고대 풍습》17권 6장) 그의 죽음에 대한 시점을 밝혀 놓고 있다(마 2:15). 요즘은 과거의 일식과 월식 등 천문 현상을 컴퓨터로 검증할 수 있는데, B.C. 5년부터 A.D. 4년까지 예루살렘에서 볼 수 있었던 월식은 B.C. 5년 3월 23일과 9월 15일의 개기월식, B.C. 4년 3월 12일의 부분 월식, B.C. 1년 1월 9일의 개기월식이다. B.C. 4년에 있었던 월식은 자정이 넘어 잠깐 있었던 부분월식이었기 때문에, 오히려 B.C. 1년에 있었던 개기월식이 헤롯의 죽음과 더 관련이 있어 보인다. 따라서 헤롯은 B.C. 1년 4월 8일경에 죽었다. 이렇게 되면 헤롯이 죽기 전에 아기 예수를 죽이기 위해 2살 이하의 어린아이를 모두 죽였다는 성경의 기록과도 정확히 일치한다.

만약 헤롯의 죽음을 B.C. 4년으로 보고, 예수님의 탄생도 B.C. 4년으로 보면 성경의 기록과도 모순이 있다. 요세푸스에 따르면 헤롯은 유월절 직전에 죽었다고 했는데, 이렇게 되면 헤롯은 예수님이 태어나기도 전에 죽은 것이 되기 때문이다. 따라서 요세푸스의 기록과 모순되지 않으려면 예수님은 최소한 B.C. 5년에 태어나셔야 했으며, 박사들에게 자세히 알아본 바에 따라 2세 이하의 사내아이들을 죽인 사건(마 2:16)과 일치하기 위해서는 B.C. 6년에 태어나셨어야 했다. 그렇게 되면 디베료 제위 15년에 30세가 된 것(눅 3:1, 23)과 공생애 첫 번째 유월절이 되었을 때 헤롯 성전이 건축된 지 46년이 되었다는 기록(요 2:20)과 모순된다.

성경으로 검증한 예수 그리스도의 탄생 연도

> 헤롯은 월식이 있던 해 유월절에 죽었으며(B.C. 1년 4월 8일경), 죽기 전에 박사들로부터 자세히 알아본 바에 따라 2세 이하의 사내아이들을 죽였음(마 2:16)

연 도	BC18	BC17	BC16	BC15	BC14	BC13	BC12	BC11	BC10	BC9	BC8	BC7
성전 건축	시작	1	2	3	4	5	6	7	8	9	10	11
연 도	BC6	BC5	BC4	BC3	BC2	BC1	AD1	AD2	AD3	AD4	AD5	AD6
예수님 나이				탄생		1	2세	3	4	5	6	7	8
성전 건축	12	13	14	15	16	17	18	19	20	21	22	23
연 도	AD7	AD8	AD9	AD10	AD11	AD12	AD13	AD14	AD15	AD16	AD17	AD18
예수님 나이	9	10	11	12	13	14	15	16	17	18	19	20
성전 건축	24	25	26	27	28	29	30	31	32	33	34	35
디베료 재위								1년	2	3	4	5
연 도	AD19	AD20	AD21	AD22	AD23	AD24	AD25	AD26	AD27	AD28	AD29	
예수님 나이	21	22	23	24	25	26	27	28	29	30	31세
성전 건축	36	37	38	39	40	41	42	43	44	45	46년
디베료 재위	6	7	8	9	10	11	12	13	14	15년	

> 디베료는 A.D. 14년 8월 19일에 가이사가 되었기 때문에 A.D. 28년에 재위 15년이 되었고, 예수님은 나이 30세가 되었음(눅 3:1, 23)

> 공생애 첫 번째 유월절이 되었을 때, 헤롯 성전이 건축된 지 46년째가 되었음. 헤롯 성전은 B.C. 18년에 건축이 시작되어 A.D. 64년에 완공되었음(요 2:20)

광야를 건너 소망의 땅으로

그러나 헤롯의 죽음을 개기월식이 있었던 B.C. 1년 4월 8일경으로 잡으면 헤롯이 2세 이하의 사내아이를 죽였다는 사건(마 2:16)과도 정확히 일치하고, 시리아 총독 구레뇨의 첫 번째 재임 기간과도 일치한다(눅 2:1-2). 그때 헤롯은 박사들로부터 별이 나타난 때를 기준으로 하여 2세 이하의 사내아이를 죽였기 때문에 예수님이 B.C. 3년에 태어났다는 것을 입증해 주고 있다.

그러면 그 날짜는 언제가 될까?

요셉과 마리아가 베들레헴에 도착했을 때 해산 때가 다 되었고, 잠을 잘 수 있는 여관이 없어 구유에서 예수님을 낳았다(눅 2:6-7). 이때 가이사 아구스도가 천하에 호적(조세 등록)하라고 명을 내려 많은 사람이 호적하러 각기 제 고향으로 돌아갔다고 했는데, 베들레헴에는 여관이 없었다. 만약 로마제국 전체에 일정한 기간을 두고 내린 칙령이라면 유독 베들레헴만 사람이 몰릴 이유는 없었다. 그것은 공교롭게도 유대인의 축제 기간과 겹쳐 베들레헴에 많은 인구가 몰렸기 때문이었을 것이다.

여기서 요세푸스의 기록을 다시 살펴볼 필요가 있다. 그 당시 예루살렘의 인구는 약 12만 명이었는데, 유대인의 3대 명절인 유월절, 오순절, 초막절이 되면 천하 만국에서 유대인들이 예루살렘으로 몰려왔으며, 그 숫자는 200만 명이 넘었다고 한다. 그로 인해 예루살렘에서 불과 5마일(8km) 떨어진 베들레헴까지 여관이 꽉 차서 잘 곳이 모자랐다고 한다. 유대인들은 율법(출 34:21~24; 신 16:16)에 기록된 대로 1년에 세 번 무교절과 오순절, 초막절에는 반드시 예루살렘에 성회로 모여야 했다. 따라서 예수님의 탄생은 이 명절과 무관하지 않았다.

그러면 과연 어느 명절에 탄생하셨을까?

이스라엘의 명절을 찾아보기 전에 먼저 이스라엘 지방의 기후를 살펴보자. 이스라엘의 기후는 지중해성 기후에 속한다. 지중해성 기후는 온대하계건조기후 또는 온대동우기후라 불릴 정도로 여름에 고온건조하고 겨울에 온난한 비가 많이 내린다. 전세계적으로 3%에 해당하는 지역이 지중해성 기후이다.

비가 내리는 시기에 따라 이른비, 장맛비, 늦은비로 구분되는데, 이른비는 겨울철 시작기인 10~11월경에 내린다. 그 양은 여름 동안 극도로 건조해진 땅에 물기를 뿌려주는 정도이다.

장맛비 또는 겨울비는 12월에서 2월 사이에 본격적으로 내리며, 1년 중 내리는 강우량의 대부분이 이 기간 동안에 내린다. 천둥과 번개를 동반한 장맛비의 엄청난 양을 저수조에 모아 여름철 가뭄에 대비한다.

봄비라고도 명명되는 늦은비는 3~4월경에 내린다. 늦은비는 겨울 동안 자란 농작물의 마지막 결실을 충실하게 만드는 역할을 한다. 따라서 늦은비는 곡식의 결실에 절대적으로 필요하여 이스라엘 사람들은 늦은비를 복된 단비라 불렀다.

자중해성 기후 분포도

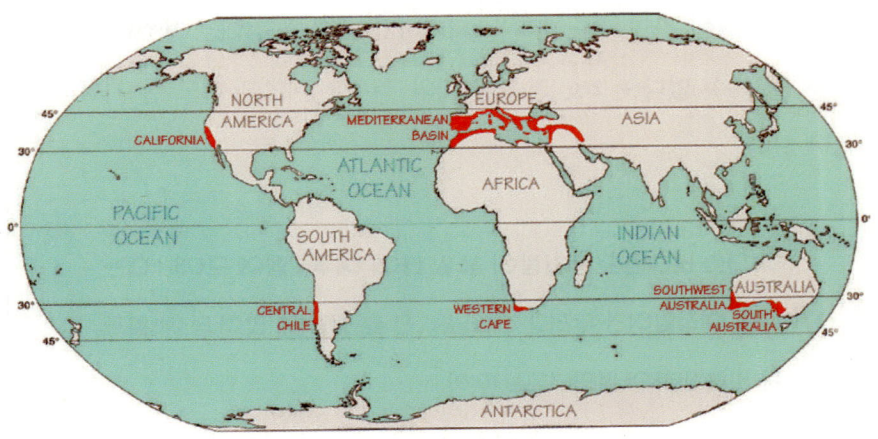

이러한 이스라엘 땅의 기후에 대하여 "네가 들어가 얻으려 하는 땅은 네가 나온 애굽 땅과 같지 아니하니 거기서는 너희가 파종한 후에 발로 물 대기를 채소밭에 댐과 같이 하였거니와 너희가 건너가서 얻을 땅은 산과 골짜기가 있어서 하늘에서 내리는 비를 흡수하는 땅이요 네 하나님 여호와께서 권고하시는 땅이라 세초부터 세말까지 네 하나님 여호와의 눈이 항상 그 위에 있느니라 내가 오늘날 너희에게 명하는 나의 명령을 너희가 만일 청종하고 너희의 하나님 여호와를 사랑하여 마음을 다하고 성품을 다하여 섬기면 여호와께서 너희 땅에 이른비, 늦은비를 적당한 때에 내리시리니 너희가 곡식과 포도주와 기름을 얻을 것이요 또 육축을 위하여 들에 풀이 나게 하시리니 네가 먹고 배부를 것이라"(신 11:10~15)라고 기록되어 있다.

현재 예수님의 탄생일로 지키고 있는 크리스마스(12월 25일)에는 이스라엘 땅에 장맛비가 내리는 시기이기 때문에 절대로 밤에 양 떼를 돌볼 수 없다(눅 2:8). 겨울철 비와 추위는 에스라에도 잘 기록되어 있다.

"유다와 베냐민 모든 사람이 삼 일 내에 예루살렘에 모이니 때는 구월 이십일이라 무리가 하나님의 전 앞 광장에 앉아서 이 일과 큰 비를 인하여 떨더니"(스 10:9).

유대력 9월 20일(12월 중순경) 예루살렘에 모인 유대인들이 "큰 비가 내리는 때니 능히 밖에 서지 못할 것이요"(스 10:13)라고 하여 겨울철 비와 추위가 얼마나 혹독한지 설명하고 있다.

그 당시 목자들은 밖에서 자기 양 떼를 지켰다(눅 2:8). 밤에 밖에서 양 떼를 지켰다는 것은, 밤 날씨가 그리 춥지 않았으며, 오랫동안 비가 오지 않아 극도로 건조한 자신의 거주지 인근에 양을 먹일 만한 풀이 없어 아주 멀리까지 왔다는 뜻이다. 땅이 건조하다는 것은 이때가 이른비가 내리기 직전이며 초막절이 임박했다는 것을 알려 준다. 따라서 시기적으로 볼 때 예수 그리스도의 탄생은 유대력으로 초막절의 시작인 7월 15일일 가능성이 크다.

그러므로 예수님의 탄생은 B.C. 3년 10월 6일경(유대력 7월 15일)이 된다. 날짜를 정확히 확정하지 못하는 것은 그 당시의 달력 체계(로마력 또는 율리우스력)와 지금의 달력 체계(그레고리오력)가 서로 다르기 때문이다.

예수 그리스도의 사망

그러면 예수님의 죽음은 언제였을까?

예수님이 30세부터 공생애 사역을 시작하셔서 율법에 기록된 대로 행하셨다. 율법(민 4장)에 따르면 제사장으로 봉사를 할 때는 나이 30세가 되어야 하는데, 이것은 예수님이 세상 죄를 위한 제사장으로서의 역할을 수행하셨다는 것을 의미한다.

그러면 예수님의 공생애 기간이 3년 반이라는 것을 어떻게 증명하는가?

이는 요한복음의 내용으로 정확히 계산할 수 있다. 요한복음에 따르면, 예수님은 공생애 기간 중 네 번에 걸쳐 유월절을 맞이하셨다(요 2:13, 5:1, 6:4, 11:55). 그리고 네 번째 유월절 때 잡히시고 십자가에서 죽음을 맞이하신다(요 19:14). 따라서 30세에서 3년 반을 계산하면 예수님은 33세 6개월 되셨을 때 돌아가셨으며, 그때가 A.D. 32년 유월절인 것이다. 예수님이 유월절에 돌아가셨다는 것은 모든 복음서(마태복음 27장, 마가복음 15장, 누가복음 23장, 요한복음 19장)가 이를 증경하고 있고, 특히 요한복음에서는 이날이 유월절의 예비일(양 잡는 날)이었다고 정확히 기록하고 있다(요 19:14).

유월절 어린양은 그 달 10일에 거룩하게 간수한 뒤 14일에 잡아야 하는데, 예수님은 그날 베다니에서 마리아가 지극히 비싼 향유를 머리와 발에 부어 거룩하게 간수되셨다. 그래서 예수님도 마리아의 행위에 대해 나의 장사의 날을 위해 가만히 두라고 말씀하셨다.

예수님이 돌아가신 날은 다니엘의 예언으로도 확인할 수 있다(단 9:25~27). 이 부분은 "성경에 근거한 인류의 기원과 종말에 대한 연대 측정"에서 자세히 다루었으므로 생략하겠다.

예수 그리스도의 부활

대부분의 사람들이 예수님은 13일의 금요일에 돌아가시고, 15일 일요일에 부활하셨다고 믿고 있다. 정말 그럴까?

우선 유대인들이 지키는 안식일(Sabbath)의 개념을 정확히 알고 있으면 예수님의 십자가 사건과 관련하여 진행된 일들을 좀 더 정확히 이해할 수 있다.

유대인들은 일반적인 안식일 이 외에도 무교절, 오순절, 나팔절, 속죄절, 장막절 등과 같은 절기에는 아무 노동도 하지 않는 안식일로 지켰다. 특히 무교절의 첫날과 마지막 날에는 성회로 모이고 안식일로 지켰는데(출 12:14~16; 레 23장), 무교절 축제 기간에 포함된 안식일은 보통 안식일이 아닌 큰 날(High Day)로 지칭하였다(요 16:31). 유대인은 지금도 무교절 기간의 첫날과 일곱째 날을 '욤 토브'(좋은 날)라 부르며 아무 일도 하지 않으며 안식일로 지킨다. 그리고 중간의 5일은 '홀 하 모에드'라 부르며 이날은 일하는 것이 허용된다. 장막절 역시 첫날과 여덟째 날을 안식일로 지키고 있다.

　마가복음 16장을 자세히 읽어 보면, 여인들이 안식일이 지난 후에 향품을 구입하고 다시 안식 후 첫날에 무덤을 찾아간다(막 16:1~2). 그러나 누가복음 23장에는 분명히 향품을 준비하고 나서 안식일에 쉰 다음 안식 후 첫날에 무덤을 찾아간다(눅 23:56). 두 말씀을 비교하면 분명 서로 모순이라는 것을 알 수 있다. 사람들은 이 모순을 해결하기 위해 마가복음 16장의 "안식일이 지나매"를 "안식일이 임박하매"란 뜻이라고 이야기한다. 그래서 안식일이 임박하여 향료를 준비하고 안식일에 쉬었다면 마가복음 16장과 누가복음 23장이 전혀 모순이 아니라고 이야기한다. 이것은 예수님이 금요일에 돌아가시고 일요일 새벽에 부활하셨다는 입장에서 해석한 방법이다.

　그러나 킹제임스 성경에 "when the sabbath was past"라고 하여 안식일이 지났을 때라고 말하고 있다. 만약 예수님이 돌아가신 날이 금요일이라면 여인들은 향료를 준비할 시간이 없게 된다. 예수님은 오후 3시에 돌아가셨는데, 돌아가신 후에도 해질 때까지 나무에 달려 있었다. 원래 나무에 달려 죽은 사람은 모든 사람의 본보기가 되게 하기 위해 여러 날 그 시체를 나무에 매단 상태로 두는데, 유대인들은 빌라도에게 다음 날이 큰 안식일이므로 거룩한 날에 부정한 시체를 나무에 달아 둘 수 없다고 서둘러 시체를 치워 달라고 요구했다(요 19:31). 그래서 예수님은 안식일이 시작되는 그날 저녁 6시 직전에 급히 무덤에 묻히셨다[유대인들의 하루는 해질 때(오후 6시경)부터 시작된다]. 여인들이 무덤까지 따라가 그 무덤과 시체를 어떻게 두었나 보고 와서 향료를 구입했기 때문에 예수님의 죽음(금요일), 안식일(토요일) 그리고 주의 첫날(일요일 새벽) 사이에는 그 어디에도 여인들이 향료를 예비할 수 있는 시간을 끼워둘 만한 날이 없다. 여인들이 사고 싶어도 안식일에 문을 여는 상점이 없었을 것이다.

예수님은 분명 유월절 어린양으로 오셨기에 유월절에 돌아가셨다. 성경은 예수 그리스도가 십자가에서 돌아가신 날이 유월절이라는 것을 알려 주기 위해 사복음서에 모두 그날이 무교절의 안식일 전날인 예비일이라고 기록하고 있다(마 27:62; 막 15:42; 눅 23:54; 요 19:31). 그러므로 예수님이 죽으신 이후의 안식일은 무교절 기간의 안식일과 보통의 안식일이 섞여 있는 것이다. 그래서 마가복음 16장의 안식일은 무교절의 안식일이고, 누가복음 23장의 안식일은 보통의 안식일이다. 즉 예수님은 수요일 오후 3시쯤에 돌아가셨고, 여인들은 무교절의 안식일(목요일)이 지난 후 향품을 준비하고(금요일) 보통의 안식일(토요일)에 쉬었다. 그리고 안식 후 첫날(일요일) 새벽(편의상 오전 6시경)에 무덤을 찾아갔다. 그런데 예수님은 이미 부활한 상태였다.

예수님의 부활이 정확히 해뜨기 전 이른 시각에 일어났다는 것은 사복음서에 자세하게 기록되어 있다(마 28:1; 막 16:2; 눅 24:1; 요 20:1). 특히 요한복음 20장에서는 마리아에게 '내가 아직 하나님에게로 올라가지 않았으니 나를 만지지 말라'고 하셔서 부활이 얼마 되지 않았다는 것을 암시하고 있다(요 20:14~17). 즉 마태복음 27장의 갈씀처럼 여인들이 오기 직전에 천사들이 와서 돌을 굴렸으며(마 27:2~3), 예수님은 그때 부활하셨던 것이다. 따라서 요한계시록 11장에서 예수님의 모형이 되는 두 증인이 3일 반 후에 부활하는 것처럼, 예수님도 수요일 저녁에 돌아가시고 일요일 새벽에 부활하셔서 3일 반 후에 부활하셨던 것이다(계 11:11).

예수님도 "요나가 밤낮 사흘을 큰 물고기 뱃속에 있었던 것같이 인자도 밤낮 사흘을 땅속에 있으리라"(마 12:40)라고 말씀하셨는데, 요나는 "여호와께서 이미 큰 물고기를 예비하사 요나를 삼키게 하셨으므로 요나가 삼일 삼야를 물고기 배에 있으니라"(욘 1:17)라고 하여 3일 3야를 물고기 배에 있었다고 말하고 있다. 아무리 헤아려 봐도 금요일 저녁부터 일요일 새벽까지는 3일 3야가 될 수 없다.

예수 그리스도는 유월절 어린양을 간수하는 1월 10일(유대력 기준)에 베다니에서 마리아로부터 기름부음을 받아 거룩하게 간수되셨고, 유월절 양 잡는 날에 세상 죄를 지고 가는 어린양이 되셨으며, 유월절 이후 첫 안식일 다음 날인 초실절(레 23:10~12)에 부활하셨다. 그리고 초실절로부터 시작하여 50일째 되는 오순절에 성령을 내려보내셨다. 원래 오순절은 유대인들이 시내 산에서 십계명을 받은 날인데, 유대인들은 모두 십계명을 외우는 것으로 이날을 기념한다.

이 모든 것을 종합해 보면 예수님은 A.D. 32년 4월 9일(유대력 1월 14일) 오후 3시에 돌아가시고(막 15:33~34), 3일 반이 지난 A.D. 32년 4월 13일(유대력 1월 18일) 새벽, 해뜨기 전에 부활하셨다(마 28:1; 막 16:2; 눅 24:1; 요 20:1).

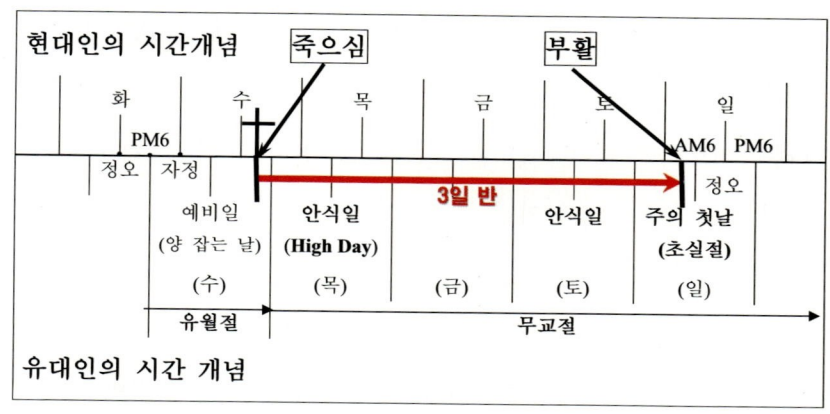

예수님의 죽음과 부활

예수님 십자가에 돌아가시기 전후 일주일간 일정

토요일 (1/10)	일요일 (1/11)	월요일 (1/12)	화요일(1/13)			수요일(1/14)			목요일 (1/15)	금요일 (1/16)	토요일 (1/17)	일요일 (1/18)
			아침	저녁	한밤	새벽	이른 아침	아침~오후				
4/5	4/6	4/7	4/8			4/9			4/10	4/11	4/12	4/13
유월절 어린양으로 기름부어 간수됨 베다니에 머무심	승리의 예루살렘 입성	성전을 깨끗케 하심 무화과를 저주함	무화과가 마른 것을 확인 주의 만찬		겟세마네 기도	잡히심	대제사장 심문(산헤드린) 빌라도 심문(정죄됨) 에비일	유월절 어린양으로 십자가에서 죽으심	무교절의 첫날 (안식일)	여인들이 향품을 준비함	안식일	주의 첫날 부 활 (초실절)

( )안의 숫자는 유대인의 날짜임

- 이날은 예비일이라 유대인들은 그 <u>안식일</u>이 큰날이므로 그 안식일에 시체들을 십자가에 두지 아니하려 하여 빌라도에게 그들의 다리를 꺾어 시체를 치워 달라 하니(요 19:31)
- <u>안식일</u>이 지나매 막달라 마리아와 야고보의 어머니 마리아와 또 살로메가 가서 예수께 바르기 위하여 향품을 사다 두었다가 안식 후 첫날 매우 일찍이 해 돋을 때에 그 무덤으로 가며(막 16:1~2)
- 갈릴리에서 예수와 함께 온 여자들이 뒤를 좇아 <u>그 무덤과 그의 시체를 어떻게 둔 것을 보고 돌아가 향품과 향유를 예비하더라 계명을 좇아 안식일</u>에 쉬더라 안식 후 첫날 새벽에 이 여자들이 그 예비한 향품을 가지고 무덤에 가서(눅 23:55~24:1)

예수 그리스도의 탄생과 사망, 그리고 부활

광야를 건너 소망의 땅으로

1판 1쇄 인쇄 _ 2025년 9월 25일
1판 1쇄 발행 _ 2025년 10월 10일

지은이 _ 김종식
펴낸이 _ 이형규
펴낸곳 _ 쿰란출판사

주소 _ 서울특별시 종로구 이화장길 6
편집부 _ 745-1007, 745-1301~2, 743-1300
영업부 _ 747-1004, FAX 745-8490
본사평생전화번호 _ 0502-756-1004
홈페이지 _ http://www.qumran.co.kr
E-mail _ qrbooks@daum.net / qrbooks@gmail.com
한글인터넷주소 _ 쿰란, 쿰란출판사
페이스북 _ www.facebook.com/qumranpeople
인스타그램 _ www.instagram.com/qrbooks
등록 _ 제1-670호(1988.2.27)
책임교열 _ 김준표 · 이화정

© 김종식 2025 ISBN 979-11-24013-07-6 93230

책값은 뒤표지에 있습니다.
이 출판물은 저작권법에 의해 보호를 받는 저작물이므로 무단 복제할 수 없습니다.
파본(破本)은 구입처에서 교환해 드립니다.